Peter Adamski

Binnendifferenzierung im Geschichtsunterricht

Aufgaben, Materialien, Lernwege

Klett | Kallmeyer

Bibliografische Information der Deutschen Nationalbibliothek
Die Deutsche Nationalbibliothek verzeichnet diese Publikation in der Deutschen Nationalbibliografie; detaillierte bibliografische Daten sind im Internet über http://dnb.d-nb.de abrufbar.

Impressum

Peter Adamski
Binnendifferenzierung im Geschichtsunterricht
Aufgaben, Materialien, Lernwege

2. Auflage 2019

Redaktion: Dirk Haupt, Leipzig
Realisation: Matthias Schiller
Druck: BELTZ Grafische Betriebe GmbH, Bad Langensalza
Printed in Germany

ISBN: 978-3-7727-1124-4

Peter Adamski

Binnendifferenzierung im Geschichtsunterricht

Aufgaben, Materialien, Lernwege

Klett | Kallmeyer

Einleitung 6

1 Binnendifferenzierung im bildungspolitisch-pädagogischen Diskurs 8
1.1 Eine alte Geschichte auf Erfolgskurs? – Binnendifferenzierung und Individualisierung heute 9
1.2 Individualisiertes und binnendifferenziertes Lernen – Unterschiede und Übergänge 12
1.3 Merkmale von Heterogenität und Konsequenzen für schulisches Lernen 18
1.4 Binnendifferenzierung im Kontext von Kompetenzen und Standards – Chancen und Grenzen 21
1.5 Binnendifferenzierung und Inklusion 25

2 Binnendifferenzierung im Geschichtsunterricht 28
2.1 Historisches Lernen 29
2.2 Binnendifferenzierung bei „gelenkter Freiarbeit“ – Lernen an Stationen, Wochenplan 35
2.3 Binnendifferenzierte Ansätze in Geschichtsbüchern 40

3 Methoden und Instrumente eines binnendifferenzierten Geschichtsunterrichts 44
3.1 Aufgabendifferenzierung 44
3.1.1 Aufgaben – Aufgabenformate – Aufgabenstellungen – Aufgabentypen 45
3.1.2 Ausgangspunkt und Ziele einer Aufgabendifferenzierung 47
3.1.3 Varianten der Aufgabendifferenzierung 50
3.1.4 Zusatzaufgaben 74
3.2 Materialdifferenzierung 78
3.2.1 Materialdifferenzierung als Förderung 85
3.2.2. Materialdifferenzierung als Forderung 88
3.3 Lernhilfen 97
3.3.1 Starthilfen 97
3.3.2 Gestufte Hilfen 103

3.4 Lernzugänge und Lernwege 109
3.4.1 Lernzugänge 111
3.4.2 Lernwege und Lernprodukte 116
3.5 Differenzierte Leistungsnachweise 121
3.5.1 Traditionelle Formen der Leistungsüberprüfung 124
3.5.2 Neue Leistungs- und Prüfungsnachweise 131

4 Ausblick 143

Literaturverzeichnis 146

Einleitung

Binnendifferenzierung oder Innere Differenzierung (beide Begriffe werden innerhalb des Buches synonym verwendet) hat eine lange und wechselvolle Geschichte. Spätestens seit dem *PISA-Schock* von 2003 erlebt sie eine neue Hochkonjunktur. Sie gilt bildungspolitisch und pädagogisch als ein zentraler Schlüssel für die Entwicklung von Lehr-/Lernarrangements, die möglichst vielen Schülerinnen und Schülern ermöglichen sollen, in den jeweiligen Fächern die zentralen Lernziele und Kompetenzen besser erreichen zu können. Bildungspolitisch argumentiert, geht es um den Ausgleich von Chancenungleichheiten angesichts sozialisationsbedingter Lernausgangssituationen; pädagogisch um die bestmögliche Anpassung von Lernbedingungen an die je unterschiedlichen Lernvoraussetzungen, Lernstile und Lernwege.

Für das Fach Geschichte hat Binnendifferenzierung keine lange „Geschichte". Mag sein, dass dies damit zusammenhängt, dass es sich in der Sekundarstufe I um ein Nebenfach handelt mit ein oder zwei Wochenstunden, oder auch, dass übervolle Lehrpläne verhindern, sich die Zeit zu nehmen, Innere Differenzierung durchzuführen. Selbstverständlich wird auch im Geschichtsunterricht mit Stationenlernen und Wochenplänen gearbeitet, besonders an Gesamtschulen, weil durch die Integration von Geografie, Wirtschaft und Politik sowie Geschichte zu einem Integrationsfach (Gesellschaftslehre o. Ä.) mehr Wochenstunden zur Verfügung stehen.

Allerdings ist bekannt, dass ca. 80 Prozent des Geschichtsunterrichts in Einzel- oder Doppelstunden stattfindet, sodass Stationenlernen im Regelfall als Abweichung vom routinierten Alltag begriffen wird und nicht oder wenig als Profilierung hinsichtlich Innerer Differenzierung. Insofern ist es erforderlich, die Lücke zwischen offenen Formen und Unterrichtsalltag zu schließen. Deshalb liegt der Schwerpunkt dieses Buches – vor allem im praktischen Teil – auf der Entwicklung von Differenzierungsmöglichkeiten für eine Doppelstunde im Fach Geschichte. Das beinhaltet:

- eine Einführung in grundsätzliche Aspekte von Binnendifferenzierung;
- eine Verknüpfung von Innerer Differenzierung und Kompetenzorientierung;
- ein breites Angebot an binnendifferenzierenden Methoden und Instrumenten;
- ein Angebot zur Förderung (= Wahlmöglichkeiten für leistungsschwächere oder weniger motivierte Lernende), aber auch zur Forderung (= herausfordernde Aufgaben oder Materialien für besonders Interessierte oder Motivierte);
- ein besonderes Kapitel zu differenzierten Leistungsnachweisen.

Es richtet sich an Lehrkräfte,

- die nach Zugängen suchen, ihren Geschichtsunterricht zu optimieren;
- die nach realistischen Wegen suchen, Innere Differenzierung in ersten Schritten in den Unterrichtsalltag zu integrieren;
- die als fachfremd Unterrichtende Angebote für historisches Lernen suchen;
- die ihre bisherigen Differenzierungsangebote erweitern wollen;
- die zwar von Wochenplänen und Stationenlernen überzeugt sind, aber nach niedrigschwelligen Möglichkeiten für ihren Geschichtsunterricht suchen.

Darüber hinaus sind alle diejenigen angesprochen, die in Schulpraktika oder während des Referendariats mit der Notwendigkeit von Binnendifferenzierung konfrontiert werden, aber über keine oder noch geringe Erfahrungswerte verfügen.

1 Binnendifferenzierung im bildungspolitisch-pädagogischen Diskurs

Es gibt seit mehr als zehn Jahren zwei Megathemen in Pädagogik und Bildungspolitik: *Kompetenzorientierung* und *Binnendifferenzierung*. Kompetenzorientierung meint die Abkehr von der Lernziel- und Curriculum(Lehrplan)orientierung der Fächer (= Inputsteuerung) hin zu der Frage, welche Fähigkeiten Lernende erwerben sollen, um in den jeweiligen Fächern Probleme lösen zu können bzw. Kompetenzen zu entwickeln, die messbar sind (= Outputsteuerung). Damit verbunden ist eine stärkere Konzentration auf Faktoren und Bedingungen des Lernens, während unter Lehren vor allem die Schaffung adäquater Lernumgebungen, die beratende Funktion der Lehrkräfte und das Moderieren von Lernprozessen verstanden wird.

Diesen Ansatz greift Binnendifferenzierung auf, indem ausgehend von den Stärken und Defiziten der Schülerinnen und Schüler, die diagnostisch ermittelt werden, nicht mehr ein fiktiver Durchschnittslerner in das Zentrum der Unterrichtsplanung rückt, sondern ein Lehr-/Lernarrangement konstruiert wird, das zunehmende Heterogenität der Schülerschaft zur Kenntnis nimmt und das Ziel verfolgt, mit unterschiedlichen Materialien, Aufgaben und Lernzugängen vielfältige Lernwege zu eröffnen, um zu einem gemeinsamen Ziel zu gelangen.

Ein drittes großes Thema überformt in den letzten Jahren die beiden anderen: *Inklusiver Unterricht*. Und zwar dadurch, dass ihre bisherigen Grundpositionen überdacht bzw. modifiziert werden.

Das Paradoxe an der Situation ist, dass nicht selten die Diskurse zu den beiden Schwerpunktthemen parallel ablaufen, also die Zusammenhänge zwischen ihnen ausgeblendet werden, obwohl sich bei genauerer Betrachtung mindestens Ambivalenzen oder gar Widersprüche aufzeigen.

Kompetenzorientierung heißt, jedenfalls nach Lesart der Bildungspolitik, immer auch Ausrichtung an messbaren *Standards* für alle Lerner bezogen auf die Abschlüsse in den jeweiligen Schulformen oder Schulstufen. Binnendifferenziertes Lernen kann nicht getrennt werden von der Notwendigkeit, auch differenzierte Leistungsnachweise zu erbringen, was Prüfungen nicht ausschließt. Ansonsten bliebe sie pädagogische Spielwiese mit fatalen Folgen für viele Lernende, die an einheitlichen Prüfungsanforderungen scheitern würden. Innere Differenzierung schließt freilich eine gewisse Standardisierung nicht aus, sollen doch möglichst alle Lerner den Kern von Inhalten und Kompetenzen erreichen, was man als *Mindeststandard* bezeichnen könnte.

Ambivalenzen zeigen sich darüber hinaus auch auf der Ebene der Pädagogik: In der Allgemeinen Didaktik genießen Kategorien wie eigenständiges/selbstständiges Lernen, Binnendifferenzierung und Individualisierung, Öffnung von Unterricht, kooperatives Arbeiten, Projekte und Portfolios hohe Wertschätzung. Die Schultheorie hingegen fragt eher nach den realistischen Perspektiven wünschenswerter pädagogischer Ansätze, indem sie u. a. anmerkt, dass Schule nicht nur und nicht in erster Linie pädagogischem Wollen unterliegt, sondern die gesellschaftliche Funktion hat, über Schulformen, Abschlüsse, Prüfungen und Leistungsnachweise generell Perspektiven zuzuweisen – bezogen auf die berufliche, weitere schulische oder universitäre Ausbildung.

Was hier zunächst nur relativ grob skizziert werden sollte, macht in gewisser Weise den Anspruch des vorliegenden Bandes aus, der nach und nach ausdifferenziert werden soll: Es geht um die Kenntnisnahme einer widersprüchlichen Realität; nicht darum, Grenzen als unabänderlich zu begreifen, wohl aber um sie zu benennen und auf Spielräume für pädagogische Praxis zu überprüfen.

1.1 Eine alte Geschichte auf Erfolgskurs? – Binnendifferenzierung und Individualisierung heute

Der Deutsche Bildungsrat formulierte in einem Gutachten 1970 programmatisch:

> Die Grundsätze der Chancengleichheit und der bestmöglichen Förderung des Einzelnen verlangen, daß die unterschiedlichen Interessen, Motivationen und Fähigkeiten der Lernenden von allen Bildungseinrichtungen zu berücksichtigen sind. Deswegen müssen die Lernangebote so vielfältig sein, daß der Lernende seinen Bildungsweg individuell gestalten kann. Das bedeutet, daß Curricula angeboten werden, die auf die unterschiedliche Lerngeschwindigkeit und Motivationslage der Lernenden sowie auf deren Interessen und Lernvoraussetzungen abgestimmt sind. Diese Individualisierung ist die vordringliche Aufgabe.
>
> (Deutscher Bildungsrat 1970, S. 36)

Der historische Kontext, in dem diese „vordringliche Aufgabe" formuliert wurde, war in den 1970er-Jahren eine intensive Debatte um Bildungsreformen generell, um Strukturveränderungen des Schulwesens im Besonderen (Gesamtschule). Sie zielte auf Chancengleichheit für alle Schülerinnen und Schüler im Sinne eines gesellschaftlichen Aufstiegs durch Bildung vor allem für bis dato bildungsferne Schichten. Darüber hinaus auf politische Partizipation durch Bildung, was sich u. a. an heftigen Debatten über Inhalte der politischen Bildung zeigte (Stichwort: Hessische Rahmenrichtlinien für Gesellschaftslehre 1972).

Bekanntermaßen verbreiteten sich Gesamtschulen – besonders in integrativer Form – nicht in dem Maße, wie die Befürworter erhofft hatten, sodass auf Dauer die „vordringliche Aufgabe" jedenfalls auf breiterer Basis in Vergessenheit geriet oder – genauer formuliert – in der Pädagogik nicht mehr so prominent verfolgt wurde.

Dies änderte sich seit der Jahrtausendwende und dafür gab es vor allem gesellschaftliche Gründe: Die Bundesrepublik wurde immer deutlicher Einwanderungsland, was sich schulisch in Gestalt eines immer höheren Anteils von Lernenden mit Migrationshintergrund zeigte. Zugleich wandelten sich die Sozialisationsbedingungen von Kindern generell: „Die Differenzierung, Individualisierung und Fragmentierung auch kindlicher Biographien ist nach Ansicht der Kinder- und Jugendpsychologie und -soziologie ein bedeutendes Kennzeichen unserer postmodernen Gesellschaft." (Paradies/Linser 2010, S. 9) „Man lebt als Einzelkind oder mit Geschwistern, mit arbeitslosen oder beruflich völlig überlasteten Eltern, mit der deutschen, der russischen, der türkischen Familiensprache, in Armut oder in Überfluss, behütet oder verwahrlost." (Becker u.a. 2004, S. 1) Aber auch Wohlbehütetsein – jedenfalls im materiellen Sinne – konnte zunehmend bedeuten, sozial verwahrlost zu werden. Kurzum: Es hatte sich eine neue Qualität von Heterogenität herausgebildet, die nunmehr auch die Gymnasien erreichte – ein wichtiger Aspekt für bildungspolitische Debatten, wenn sie eine breitere Öffentlichkeit erreichen wollen.

Die *PISA*-Daten unterfütterten diese Feststellung mit entsprechenden Analysen, die zusätzlich belegten, dass im gegliederten Schulsystem die Herstellung homogener Gruppen immer stärker zur Farce wurde. „Zwar liegen die Lesekompetenz-Mittelwerte der verschiedenen Schulformen deutlich auseinander, die Leistungen von 15-Jährigen in einer Schulform, in einer Klasse streuen aber erheblich. Das heißt: Die ‚besten' Hauptschüler(innen) erreichen das mittlere gymnasiale Niveau – und die ‚schwächeren' Gymnasiasten wären auch in der Hauptschule nur Mittelmaß." (Trautmann/Wischer 2006, S. 45)

All dies führte dazu, dass der Differenzierungs- und Individualisierungsdiskurs einen neuen Aufschwung nahm. Dabei ist wenig verwunderlich, dass vertraute klassische Vertreter der Allgemeinen Didaktik (Klafki, Bönsch, s. Lit.) erneut als Referenzrahmen rezipiert wurden, es kamen neue Beiträge zur Debatte über die Forschungen zur Migrations(Interkulturelles Lernen)- und Integrationspädagogik sowie zur Genderproblematik (seinerzeit Geschlechterrollen) hinzu.

Offenbar mit Erfolg im bildungspolitischen Rahmen, wie nicht nur das Schulgesetz in Nordrhein-Westfalen aus dem Jahre 2006 zeigt, was an dieser Stelle exemplarisch für Rechtsverordnungen aus anderen Bundesländern steht:

> Individuelle Förderung rückt als Leitidee des Schulgesetzes in das Zentrum schulischer Arbeit. Ziel ist es, ein Schulwesen zu schaffen, in dem jedes Kind und jeder Jugendliche unabhängig von seiner Herkunft Chancen und Begabungen optimal nutzen und entfalten kann. Individuelle Förderung wendet sich an alle Schülerinnen und Schüler. Die Potenziale aller Schülerinnen und Schüler sollen so ausgeschöpft werden, dass der individuelle Lern- und Bildungserfolg für alle Lernenden gesichert ist.
>
> (zit. n. Trautmann/Wischer 2011, S. 145)

Eine Erfolgsgeschichte? Wohl kaum, wenn man die schulische Realität betrachtet. Die Empirie zeigt ein eher ernüchterndes Bild:

- Differenzierung oder gar Individualisierung geschieht primär durch Zusatzaufgaben oder dadurch, dass mehr Zeit für Aufgaben zur Verfügung gestellt wird.
- Differenzierung erscheint vielen Lehrenden als wenig klar umrissenes Konzept, sondern als Sammelsurium wohlfeiler Tipps.
- Lehrkräfte befürchten einen erheblichen größeren Zeitaufwand und verzichten angesichts übervoller Lehrpläne eher auf entsprechende Angebote.
- Anspruchsvolle und komplexe Verfahren zur individuellen Förderung (Projekte, Portfolios, Lerntagebücher) werden selten oder nie eingesetzt.
- Binnendifferenzierung und Individualisierung sind selten Schulprogramm oder Programm einzelner Fächer oder Fächerverbünde, sondern dem Engagement Einzelner zu verdanken (vgl. Trautmann/Wischer 2011, S. 123, 150).

Ob individuelle Förderung erfolgversprechend geleistet werden kann, hängt u. a. von der Qualifikation und Motivation der Lehrenden ab. Begreifen sie individuelle Förderung als wichtige Aufgabe; sind sie entsprechend aus- oder fortgebildet, bislang nicht praktizierte individuelle Fördermaßnahmen zu handhaben; verfügen sie über das erforderliche Rüstzeug für Diagnostik, Planung, Durchführung und Evaluation individueller Förderpläne; sind sie hinreichend qualifiziert, adaptive Unterrichtskonzepte durchzuführen? Laut einer Studie, die die Einstellung von Lehrerinnen und Lehrern zur individuellen Förderung erhob, sehen die Befragten eine solche Förderung zwar als wichtiges und anzustrebendes Ziel an, zugleich aber als belastende Herausforderung (Wenzel 2012b, S. 240). Dies betrifft in erster Linie die schulischen Rahmenbedingungen, um individuelle Förderung und adaptive Unterrichtsgestaltung umzusetzen, was bei Klassengrößen und materieller Ausstattung anfängt und bei der Stundenplangestaltung und anderen Raumkonzepten als den konventionellen (z. B. Platz für Kleingruppen, Arbeitsplätze mit oder ohne Zugang zu Computer und Internet für Einzelarbeit) noch lange nicht aufhört.

Aber auch die Wirksamkeit vorhandener differenzierender Lehr-/Lernarrangements bedarf einer kritischen Betrachtung. Bohl u. a. (2012, S. 58 f.) kommen nach Sichtung vorhandener empirischer Untersuchungen zu der Einschätzung, dass insbesondere schwächere, gewissheitsorientierte oder konzentrationsschwache Schülerinnen und Schüler mit offenen Unterrichtssituationen im Sinne vieler Auswahlangebote überfordert sind – oder lange Zeit benötigen, sich für ein Angebot zu entscheiden. Dies führt u. a. dazu, dass die Leistungsstreuung in Klassen im Rahmen von Wochenplanarbeit sogar größer wird. Dies muss nicht zwangsläufig dazu führen, binnendifferenzierende Maßnahmen als unwirksam zu betrachten, wohl aber Überlegungen anzustellen, wie Ausgangsniveaus der Lernenden und Unterstützungsmaßnahmen gerade für weniger motivierte oder leistungsschwächere Lernende in eine sinnvolle Passung gebracht werden können. „Ein Kernproblem ist die Frage, wie Schülerinnen und Schüler in eigenständiger und kooperativer Auseinandersetzung mit Aufgaben kognitiv aktiviert werden können und eine hohe Verstehensintensität erreichen." (ebd.). Dies könne wohl nur gelingen, wenn das Ausmaß der gestatteten Freiheit reduziert und unterstützende Maßnahmen in Form von Beratung, Struktur- und Lernhilfen erfolgen.

An dieser Stelle macht es Sinn, die Begriffe *individuelles Fördern, Individualisierung* und *Binnendifferenzierung* genauer zu bestimmen, um sie deutlicher auseinanderhalten zu können.

1.2 Individualisiertes und binnendifferenziertes Lernen – Unterschiede und Übergänge

Individuelle Förderung als Rahmenvorgabe für die Einzelschule und die dort Unterrichtenden kann sehr unterschiedlich verstanden werden, wie an dem o.g. Auszug aus dem Schulgesetz von Nordrhein-Westfalen abgelesen werden kann. In dieser Allgemeinheit sind sie leicht zustimmungsfähig, inhaltlich aber konturlos, wenn nicht näher definiert wird, welche strukturellen oder inhaltlich/curricularen, welche organisatorischen oder pädagogischen Vorstellungen sich damit verbinden. Im Prinzip ist es der einzelnen Schule überlassen, welche Konsequenzen daraus gezogen werden.

Insofern können solche Postulate dazu führen, dass sich Schulen auf den Weg machen, ihr Profil weitgehend zu verändern oder aber die individuelle Förderung lediglich auf das Leistbare zu reduzieren. Reforminseln sind genauso möglich wie – und das ist wohl die überwiegende Mehrzahl – minimale Veränderungen, z.B.

- AGs, die besondere Interessen der Lernenden fördern,
- Hausaufgabenhilfen,
- Förderkurse außerhalb der Fächer,
- Förderpläne, die vor allem für diejenigen aufgelegt werden, die fachliche Mängel oder grundlegende Defizite (z.B. Lesefähigkeit) aufweisen.

Eine derartige Umsetzung von individueller Förderung hieße dann, dass am Kern des Unterrichts, der curricularen/kompetenzorientierten Ausrichtung, gar der schulorganisatorischen Abläufe wenig bis gar nichts geändert werden muss. Individuelle Förderung wäre dann zwar ein wohlfeiles, positiv besetztes Schlagwort – aber, gemessen an den hehren Formulierungen der Schulgesetze, ein ziemlich hohles.

Individualisierung des Lernens meint etwas anderes: „Individualisierung bedeutet so verstanden die Gestaltung von Lernprozessen, die vom lernenden Subjekt ausgehen und dessen jeweilige Ausgangslage berücksichtigen, anstatt fachliche Inhalte für alle in der gleichen Art und Weise aufbereitet vorzugeben. Nicht zuletzt geht es um einen anderen Blick auf die Lernenden, die in ihrer Persönlichkeit gefördert werden sollen." (Schäfers 2009, S. 42) Oder: „Individualisierung umfasst das Auswählen und Bereitstellen individuell passender Lernangebote auf der Basis einer zuvor erfolgten Erfassung der Lernvoraussetzungen einzelner Schüler/-innen." (Bohl 2013, S. 250)

Dies bedeutet zuallererst über diagnostische Verfahren die Lernausgangsvoraussetzungen der einzelnen Lerner zu erfassen, ihnen entsprechende für sie passende Arbeitsmöglichkeiten anzubieten, die in der Regel für einen längeren Zeitraum angelegt sind, die Lernprozesse der Einzelnen zu begleiten, ihnen unterschiedliche Leistungsnachweise anzubieten, die ggf. zu unterschiedlichen Zeitpunkten erbracht werden können – um insgesamt die Grundlagen zu legen, dass sie eigenverantwortlich, selbstständig, kooperativ und selbstreflexiv lernen können. Helmke (2013, S. 35) spricht hier von einer lehrergesteuerten Individualisierung.

Dass dies an einigen Schulen gut gelingt – den sogenannten Reforminseln – ist unbestritten, wie die Wettbewerbe um den *Deutschen Schulpreis* u. a. zeigen. Es ist aber fraglich, ob dass mit größerer Breitenwirkung gelingen kann. Unterricht findet in Gruppengrößen zwischen 20 und 30 Schülerinnen und Schülern statt, in den jeweiligen Fächern in der Regel an einem gemeinsamen Thema, das unabhängig davon, wie viele Angebote entwickelt werden, auch zu einem gemeinsamen Abschluss gebracht werden sollte. Das Unterrichtsgeschehen, das ohnehin schon angesichts der divergierenden Anforderungen an Lerner wie Lehrkräfte einen hohen Grad an Komplexität aufweist, würde nunmehr überkomplex, es sei denn, die Lernenden arbeiteten tatsächlich individuell oder in Kleingruppen nebeneinander her, ohne am Ende die unterschiedlichen Ergebnisse, Lernwege, Lernziele etc. zu bündeln. Von den Anforderungen an die Lehrkräfte einmal ganz abgesehen, die sich ja nicht nur auf das Bereitstellen von Angeboten, sondern neben der Prozessbegleitung auf die Sichtung und ggf. Bewertung der Ergebnisse/Leistungsnachweise bezöge – ist lehrergesteuerte Individualisierung ein utopisches Ansinnen.

Wenn die Basis für individualisiertes Lernen aber nicht mehr das gemeinsame Thema und folglich auch nicht die gemeinsame Sichtung bzw. Sicherung der Ergebnisse wäre, also quasi ohne Gruppenbezug und soziale Interaktion erfolgte, ließe sich die Frage anschließen, ob dies überhaupt wünschenswert wäre. Das hieße nämlich, auf die Förderung sozialer Kompetenzen gänzlich zu verzichten: Empathie, gegenseitiges Lernen, Teamfähigkeit, aber auch Training des eigenen Durchsetzungsvermögens und der Entwicklung des eigenen Standings in Gruppen. „Nicht selten finden Lehrpersonen ihre Schülerinnen und Schüler dann in ausgeprägter Vereinzelung vor." (Feindt/Junghans 2016, S. 19) Es erinnerte dann an programmiertes Lernen in Lernlabors, wie es in den 1970er-Jahren schon einmal propagiert worden war.

Unter *Binnendifferenzierung* ist etwas anderes zu verstehen: „Maxime jeglicher Differenzierungsangebote sollte sein, dass am gleichen Thema gearbeitet wird und dass – egal, welche Angebote den Schülerinnen und Schülern offeriert werden – ein gemeinsames Ganzes entsteht, das dann auch für die gesamte Lerngruppe gesichert werden kann. Für die Lehrkraft bedeutet dies, ein inhaltliches Fundamentum anzustreben." (Müller 2012, S. 11) Binnendifferenziertes Lernen zielt im Gegensatz zur Individualisierung nicht zwangsläufig auf die einzelnen Lerner mit ihren jeweiligen Voraussetzungen und Interessen ab, sondern bezieht sich auf Merkmale in den Lerngruppen, die z. B. Leistungsvermögen, Interessen, Motivation oder Lernzugänge betreffen können. Sie stellt im Prinzip keine Individualisierung des Lernens in Aussicht – will dies auch gar nicht –, sondern hofft, durch unterschiedliche Angebote möglichst viele Lernende in das Unterrichtsgeschehen einzubeziehen. Die Angebote bzw. ihre entsprechende Nutzung machen quasi die „Trefferquote" aus, mit der mehr als die ansonsten immer selben Schülerinnen und Schüler aktive Lerner werden (können). Der Charme einer Inneren Differenzierung liegt in mindestens folgenden Aspekten:

- Sie ist aus Sicht der Lehrkräfte deutlich weniger aufwendig: Sie müssen keine diagnostischen Verfahren bemühen – die es fächerspezifisch ohnehin nicht gibt –, um Angebotsvielfalt bereitzustellen. Es genügt der diagnostische Blick auf die Unterschiede in den Lerngruppen nach Maßgabe einer vertrauten Unterrichtspraxis. Das bedeutet keinesfalls Qualitätsverlust (vgl. Adamski 2014, S. 20f.).
- Der geringere Aufwand betrifft darüber hinaus die Unterrichtsorganisation: Binnendifferenziertes Arbeiten ist durchaus in Doppelstunden realisierbar. Selbstverständlich erhöht sich die Komplexität des Unterrichtsgeschehens – aber in überschaubarem Maße.
- Die neuesten Schulbücher für alle Fächer enthalten in der Regel sinnvolle Ansätze für binnendifferenzierten Unterricht; dies gilt besonders für Aufgabendifferenzierung und unterschiedliche Lernwege, weniger für Materialien und Zugänge. Selbst bei speziellen Lernmethoden zur Differenzierung (Lernen an Stationen; Wochenplanarbeit) ist bemerkenswert, dass über „klassische" Variationen hinaus (Lerntempo, unterschiedliche Schwierigkeitsgrade wie Wahlstationen und Zusatzaufgaben) unterschiedliche Anforderungsgrade von Aufgaben bzw. unterschiedliche Materialien keineswegs Alltag, aber verfügbar werden.
- Ein Sich-Einlassen auf Binnendifferenzierung bedeutet für beide Seiten – Lehrende wie Lernende – ein Zugewinn an Möglichkeiten, wie mit dem Anspruch auf verantwortliches Lehren (Lehrkräfte) wie Lernen (Schülerinnen und Schüler) umgegangen werden sollte: Es werden Gelingensbedingungen formuliert, die an die Lerngruppe angepasst sind (Lehrkräfte), die Schülerinnen und Schüler aber auch auffordert, diese zu nutzen.

Die Stärke dieses Ansatzes besteht darin, dass beide Seiten dazu aufgefordert sind, sich verantwortlich mit den Anforderungen auseinanderzusetzen. Es beginnt ein Dialog über Lernen und Leistungserbringung.

Allerdings ist damit das grundsätzliche Dilemma des Lernens in der *Institution* Schule keinesfalls aufgelöst: Lehrkräfte und Lernende begegnen sich in keinem herrschaftsfreien Raum:

- Lehrkräfte sind an rechtliche Rahmenbedingungen gebunden. Diese können zuweilen im unterrichtlichen Kontext wohlwollend interpretiert werden, indem individuelle Bezugsnormen, also die individuellen Fortschritte der Lernenden, stärkere Berücksichtigung finden. Dies gilt aber nicht oder nur sehr eingeschränkt für offizielle Leistungsnachweise, erst recht nicht für Prüfungsleistungen.
- Die Aushandlung von gemeinsamen Bewertungsmaßstäben, von Lernverträgen oder individuellen Förderplänen sind nur scheinbar ein demokratisches Element der Unterrichts- und Bewertungspraxis. Letztlich stehen die Schülerinnen und Schüler in der Verantwortung, sich an diese Regeln zu halten – und sind für ihre Misserfolge selbst verantwortlich (Wischer 2016, S. 45).
- Lehrkräfte sind grundsätzlich in einer besseren Ausgangsposition: Ihr Unterricht, besonders aber ihre Beurteilung von Leistungen sind zwar nicht unhinterfragbar, aber selbst gemeinsam mit Lernenden ausgehandelte Bewertungsgrundlagen für Leistungen und Gewichtungen von einzelnen Teilleistungen ändern nichts an der Tatsache, dass die Benotung letztlich als Recht und Pflicht der Lehrkräfte ein asymmetrisches Verhältnis spiegelt.

Insgesamt müssen Individualisierung und Binnendifferenzierung nicht notwendig als Gegensätze gesehen werden: Individualisiertes Lernen wäre demzufolge ein Ansatz für eine umfassende, aber in der Breitenwirkung eingeschränkte Umgestaltung von Lehr-/Lernarrangements und der Organisation von Unterricht und Schule. Binnendifferenzierung käme nach dieser Lesart die Rolle eines Kompromisses zwischen lehrerzentriertem und geöffnetem Unterricht zu, der zwar breiter verankert werden kann, allerdings geringere Wirkung auf die Intensität von Lernprozessen hat.

Mit Innerer Differenzierung können Schülerinnen und Schüler, aber auch die Lehrkräfte, an Möglichkeiten der Öffnung von Unterricht sowie Formen kooperativen und eigenständigeren Lernens herangeführt werden. So begriffen kann binnendifferenzierter Unterricht auch als Übergang zu einem individualisierteren Unterricht verstanden werden, indem Lernende daran gewöhnt werden, sich aus Angeboten die sie interessierenden Aufgaben auszuwählen:

- im Rahmen einer gelenkten Freiarbeit: Wochenplan oder Stationenlernen;
- bei der Arbeit an Projekten;
- innerhalb von Gruppen heterogener Zusammensetzung, die über einen längeren Zeitraum zusammenarbeiten;
- bei Lernaufgaben, die unterschiedliche Verarbeitungstiefen und Lernhilfen enthalten;
- bei Fächer- und Blütenaufgaben.

In besonders akzentuierter Form geschieht dies im *dialogischen Lernmodell*, das in einer systematischen lehrergesteuerten Differenzierung eine völlige Überforderung der Lehrkräfte sieht.

> Demgegenüber geht das Dialogische Lernmodell davon aus, dass das Problem der Passung von Lernanforderungen und Lernvoraussetzungen nur lösbar ist, wenn sich die Lernenden aktiv daran beteiligen. In einem klar strukturierten Austausch zwischen allen am Unterricht beteiligten Personen werden Lehrerleistungen und Schülerleistungen in einem dialogischen Austausch so aufeinander abgestimmt, dass sich das Lernangebot und die Bedingungen für dessen Nutzung laufend verbessern.
>
> (Ruf 2008, S. 236f.)

Ausgehend von einem offenen Arbeitsauftrag, erhalten die Lernenden die Möglichkeit, sich mit seinen Herausforderungen auseinanderzusetzen, d.h. sich zunächst mit ihren Lernpartnern und der Lehrkraft auszutauschen, ggf. Rückfragen zum Verständnis der Aufgabenstellung, ihres fachlichen Kontextes oder ihrer Repräsentationsform zu stellen. Das Ziel dieser Rückmeldung besteht darin, ihre Lernvoraussetzungen bestmöglich zu nutzen, was im Sinne der Differenzierung bedeutet, auf unterschiedliche Angebote zurückzugreifen, Hilfen einzufordern, aber auch – eigene Wege mit eigenen inhaltlichen Präferenzen zu beschreiten.

Wenn das Buch den Fokus auf grundlegende Formen der Differenzierung im Rahmen des Doppelstundenprinzips und des nur leicht geöffneten Unterrichts im Sinne von Phasen der eigenständigen Arbeit in kooperativen Formen lenkt – nach den bisherigen Ausführungen zum institutionellen schulischen Rahmen und vorherrschenden Unterrichtsstilen sind dies minimalste Modifikationen –, wird nicht außer Acht gelassen, dass auch im Geschichtsunterricht Planarbeit (wahrscheinlich in geringerem Maße) und Stationenlernen (vermutlich stärker verankert) ihren Platz haben. Beide sind als spezifische Methoden binnendifferenzierten Unterrichts angelegt (genauer Kap. 2).

- Sie bieten Schülerinnen und Schülern Wahlmöglichkeiten hinsichtlich Aufgaben, Materialien, Lernzugängen und Verarbeitungsformen.
- Sie machen ihnen deutlich, wie anspruchsvoll, das heißt auch notenrelevant, diese Auswahl angelegt ist.
- Sie gestehen ein individuell ausgerichtetes Lerntempo im Rahmen eines gesetzten Zeitlimits zu.
- Sie geben keine Vorgaben, welche Reihenfolge bei der Bearbeitung der Aufgaben einzuhalten ist.
- Sie ermöglichen den Lernenden häufig die Entscheidung, ob sie allein oder in kooperativen Formen arbeiten möchten.
- Sie schaffen die Möglichkeit der Beratung Einzelner oder von Gruppen seitens der Lehrkräfte – sofern sie erwünscht bzw. gefragt ist.
- Besonders die Planarbeit ist dazu geeignet, dass Zeitprobleme bei der Bearbeitung des Pensums durch häusliche Weiterarbeit bewältigt werden können.

Insofern gibt es erprobte Methoden der Binnendifferenzierung, die bereits im schulischen Alltag relativ problemlos einen Übergang zu individualisierteren Formen des Lernens andeuten: Planarbeit und Lernen an Stationen sprengen in der Regel das Doppelstunden-Prinzip; die Lehrkräfte erfahren sehr viel stärker als in der Grundform ihre beratende und moderierende Funktion – was nicht selten als Entlastung in Abgrenzung zu einem lehrerzentrierten Unterricht empfunden wird – und den Aufwand für die Erstellung eines Wochenplans bzw. eines Stationenlernens mindestens kompensieren kann.

Eine entscheidende Überlegung könnte sein, wie Binnendifferenzierung und Individualisierung in den schulischen Alltag eingebracht werden können, ohne dass sie sofort die herkömmlichen Routinen bezüglich Unterrichtsorganisation, Lehr-/Lernarrangements oder gar institutionelle Veränderungen generell infrage stellen müssen. Es ist nicht nur ein primär taktisches Argument, wenn darauf verwiesen werden muss, dass es im Unterrichtsalltag um Vielfalt an Angeboten geht, weil niemand genau weiß, welche Angebote welche Wirkungen erzielen (können) – der pädagogische Prozess ist schlechterdings durch ein Merkmal geprägt: die Ungewissheit über den Erfolg von Maßnahmen. Es gibt gut begründete empirische (wenngleich kaum valide) Untersuchungen zur Wirksamkeit von didaktisch-methodischen Interventionen. Stattdessen könnte sich möglicherweise ein Konsens dafür entwickeln, dass es „verschiedene Wege nach Rom" gibt. Anders formuliert: Falls der zentrale Anker der Differenzierungs- und Individualisierungsdebatte darin besteht, dass es weder für die eine noch für die andere Position belegbare Sicherheiten gibt, kann die Perspektive eigentlich nur darin bestehen, beides sozusagen dialektisch aufzulösen. Helmke (2013, S. 37) sagt zu der Aussage, individualisiertes Lernen ist *die* (einzige) Antwort auf die Heterogenität der Lernvoraussetzungen:

> Nein, Individualisierung ist EIN Ansatz des Umgangs mit Heterogenität. Die Logik der Individualisierung geht davon aus, dass im gleichen Zeitraum auf unterschiedliche Weise, also simultan, beziehungsweise mit unterschiedlichen Inhalten und Zeitvorgaben gelernt wird. Ein weniger anspruchsvolles Konzept ist das des unterrichtlichen Ansprechreichtums: Nicht simultan, sondern sequentiell wird unterschiedlichen Lernvoraussetzungen Rechnung getragen, indem Sozialformen und Methoden, Medien, Aufgaben, Textsorten, Lernorte und Lernkanäle so variiert werden, dass mal Schüler mit diesen, mal mit jenen Lernvoraussetzungen zu ihrem Recht kommen.
>
> (Helmke 2013, S. 37)

Das bedeutet insgesamt ein Plädoyer für ein adaptives Lehr-/Lernarrangement: Es geht darum, dass Lernende mit einem breiten Spektrum von Möglichkeiten des Lernens und des Lehrens vertraut gemacht werden, aus denen sie die individuell bedeutsamen für ihren Lernweg ermitteln können.

Dies klingt überzeugend, wirft allerdings die Fragen auf, wie dieses breite Spektrum im schulischen Alltag abgebildet werden kann. Bezogen auf Differenzierung muss dabei eine zentrale Problemstellung geklärt werden: Welche Merkmale von Heterogenität können im Unterricht sinnvollerweise bedacht und über Maßnahmen Innerer Differenzierung wirksam aufgegriffen werden? Es geht ja nicht darum, ein möglichst vollständiges Tableau von Diversität zu benennen, sondern darum zu entscheiden, welche Faktoren im Kontext von schulischem Lernen aufgefangen bzw. in Differenzierungsmaßnahmen einbezogen werden können.

1.3 Merkmale von Heterogenität und Konsequenzen für schulisches Lernen

„Alle sind verschieden!" oder „Jede(r) ist anders!" sind Aussagen bzw. Slogans, die sicherlich zustimmungsfähig sind, aber wenig aussagekräftig, wenn es um Heterogenitätsmerkmale gehen soll, die für schulisches Lernen Relevanz besitzen. Aber selbst eine solche Eingrenzung weist immer noch eine respektable Größe/Breite an Faktoren sowie ein kompliziertes Geflecht individueller Unterschiede auf.

Ahlring (2002, S. 9f., ähnlich auch Kiper u. a. 2008, S. 68f., Trautmann/Wischer 2011, S. 41) nennt folgende Unterschiede bei Schülerinnen und Schülern:

- nach ihrem persönlichen *Erfahrungshintergrund* (ihrer kulturellen, nationalen und sozialen Identität, den elterlichen Erziehungsstilen und -einflüssen beispielsweise auf Regelverhalten, Umgang mit Autorität, Leseverhalten, Abstraktionsvermögen, Bewegung usw.);
- nach ihrer Fähigkeit, bestimmte *Arbeitstechniken* (Ordnen, Entnehmen, Alphabetisieren, Umgang mit Lexika, Registern, Inhaltsverzeichnissen usw.) anzuwenden;
- nach ihren allgemeinen *Fähigkeiten* (Konzentrations-, Abstraktions- und Transferfähigkeit, künstlerisches und kreatives Ausdrucksvermögen, sportliche Eigenschaften, logisches Denken usw.);
- nach ihrer *Motivation* (Lust und Freude, sich auf ein Thema einzulassen, sowie Vorverständnis für gewisse Fächer oder Themen: „Mathe kann ich nicht" oder „Geschichte ist langweilig" usw.);
- nach ihrem Arbeits- und *Lerntempo* (Zeitplanung, Ausdauer, Konzentration, Organisation, Schnelligkeit beim Schreiben, Zeichnen, Rechnen usw.);
- nach ihren *Kenntnissen* (kognitive Vorerfahrungen aus Grundschule und Elternhaus, durch unterschiedliches Lese- und Fernsehverhalten usw.);
- nach ihrer *Persönlichkeit* (Schüchternheit, Motorik, Ängstlichkeit, Offenheit, Extro- bzw. Introvertiertheit, unterschiedliche Lerntypen usw.);
- nach ihrer *Arbeitshaltung* (zielgerichtetes Arbeiten versus Langsamkeit, Durchhaltevermögen versus Entmutigung und Resignation, Zielvorstellungen, Stolz auf eigene Produkte versus Unsicherheit usw.).

Es kann nicht darum gehen, die Vollständigkeit der Kriterien anzuzweifeln oder die ein oder andere Trennschärfe der Merkmale infrage zu stellen, sondern zu verdeutlichen, dass erstens ein differenzierender Ansatz nicht nur die kognitive Ebene von Unterricht berücksichtigen darf, zweitens aber der Lösungsvorschlag „individualisiertes Lernen" nur ein Schlagwort bleibt, wenn er nicht die Notwendigkeit mitberücksichtigt, dass die Unterrichtsorganisation offenbar eine Ausgewogenheit zwischen gemeinsamen Phasen – eben auch orientierenden instruktiven – *und* differenzierten Angeboten und sozialem Lernen erfordert. Dies kann auf den ersten Blick auch als Reduktion heterogener Faktoren und deren Zwangsintegration in ein bestimmtes adaptives Muster von Lernen gelesen werden, ist aber grundsätzlicher zu verstehen: Merkmale von Heterogenität äußern sich im realen Unterrichtsgeschehen in unterschiedlichen Verhaltensmustern, wenn man so will in Symptomen. (Nur) diese sind es, die unterrichtspraktisch aufgefangen werden können, jedenfalls, wenn man Binnendifferenzierung methodisch begreift – was hier geschieht.

Bönsch, einer der Pioniere der Binnendifferenzierung (2004, S. 100) nannte dieses Modell eine konsequente lernerorientierte innere Differenzierung, eine Kombination vermittelnden Unterrichts und selbstverantworteten Lernens: Die Vermittlung der Grundinformationen im Klassenverband; Transparenz des Plans und seiner Bearbeitung. Dem schließen sich individuelle Lernzeiten mit der Verfügung über Zeit, Material, Lernort, persönliche Hilfen (Lehrer/Schüler) und Bearbeitungsmodi an. Dies habe folgende Implikationen:

- die Grundinformationen, Bearbeitungsmöglichkeiten, Planorientierung und Zielsetzung werden vorgegeben;
- die Verantwortung des Lernens wird weitgehend den Schülerinnen und Schülern übergeben, sie nehmen das eigene Lernen in die Hand, indem sie sich für Wahlmöglichkeiten entscheiden und ihr Lerntempo einzuschätzen lernen;
- die Lehrerrolle wandelt oder erweitert sich: Zwar ist die Lehrkraft nach wie vor für die Organisation des Lehr-/Lernprozesses verantwortlich, aber sie ist in den Phasen individueller oder kooperativer Lernzeit, also in denen der partiellen Öffnung von Unterricht, eher Lernbegleiter oder -beobachter statt Dirigent(in);
- Lernhilfen müssen vielfältig und differenziert bereitgestellt werden.

Was bedeutet dies für die Möglichkeiten der Binnendifferenzierung innerhalb dieses Prozessmodells? Um erneut an die Wurzeln zurückzugehen: Klafki/Stöcker (1979/1982) haben folgende Möglichkeiten innerer Differenzierung aufgezeigt (s. Tabelle S. 20).

Innere Differenzierung nach Klafki/Stöcker 2007, zusammengefasst in Kiper u. a. 2008, S. 96
▸ Differenzierte Lernziele. ▸ Unterscheidung der Anforderungen in Fundamentum und Additum. ▸ Unterschiedliche Materialien.
▸ Eröffnung von unterschiedlichen Aneignungs- und Handlungsebenen (bei sich unterscheidendem Abstraktionsgrad). ▸ Differenzierung der Aufgabenstellungen (mit Blick auf Komplexitätsgrad und Umfang).
▸ Gewährung unterschiedlicher Grade direkter und indirekter Hilfe.
▸ Zeitliche Variabilität bei der Aufgabenbearbeitung. ▸ Ermöglichung unterschiedlicher Lerntempi. ▸ Ermöglichung eines unterschiedlichen Zeitumfangs beim Lernen. ▸ Ermöglichung einer sich unterscheidenden Anzahl von Durchgängen beim Lernen.
▸ Unterschiedlicher Grad an Selbstständigkeit beim Erarbeiten der Aufgaben.

Beide Pioniere der Binnendifferenzierung klingen bemerkenswert modern, wenn man ausklammert, dass seinerzeit z. B. Freizeit unter Bedingungen der digitalen Veränderungen (Internet, MP3-Player, Spielkonsolen u. a.) nicht oder noch nicht vorstellbar war. Aber auch, dass z. B. Gruppenarbeit in der Form kooperativen Lernens stärker in den Blick der Didaktiken geriet, genauso wie Varianten der Leistungsnachweise. Der Kern der Überlegungen hat nach wie vor Bestand.

Wie können diese Ansätze/Modelle noch stärker für Unterricht heruntergebrochen, das heißt, dem vertrauten Rahmen von Lernprozessen angepasst werden, um für Lehrkräfte ein nachvollziehbares praktisches Konzept von binnendifferenziertem Unterricht vorzulegen, das so überschaubar ist, dass sie sich entscheiden müssen oder können, ob sie sich darauf einlassen können oder wollen.

Aus der Analyse unterschiedlicher Modelle zur Binnendifferenzierung und den Erfahrungen aus Lehrerfortbildungen haben Kolleg(inn)en ein Modell für Binnendifferenzierung entwickelt, das folgendermaßen aussieht (s. Abb. 1):

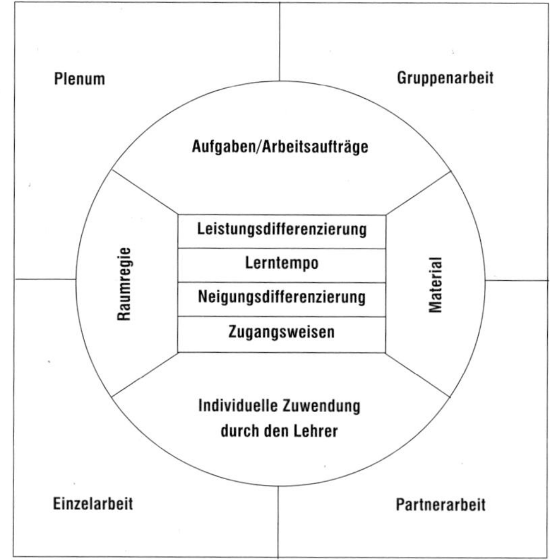

Abb. 1: Modell Innerer Differenzierung nach Kress (2013, S. 22)

Dieses Schaubild ist eine sinnvolle didaktische Reduzierung auf den Kern binnendifferenzierten Unterrichts: Leistungsvermögen, Lerntempo, Interessen, Motivationen und Zugänge zum Lernen. Entscheidend sind Arbeitsaufträge, die differenziert formuliert werden (Aufgabenstellung), auf ggf. unterschiedliche Materialien verweisen und schließlich offen oder gebunden sind an unterschiedliche Sozialformen (Einzel-, Partner- oder Gruppenarbeit). Das Plenum steht in diesem Vorschlag quasi alternativ, was seine Bedeutung allerdings relativiert: Der gemeinsame inhaltliche Beginn – in welcher medialen Vielfalt auch immer – ist genauso wichtig für gemeinsames Lernen wie der Abschluss des Lernprozesses im Klassenverband – als Evaluation einer Unterrichtseinheit. Ob die „Raumregie" einen dermaßen bedeutenden Platz beanspruchen muss – beim Stationenlernen und verwandten Methoden ist sie augenscheinlich relevant, bei kooperativen Lernformen nur dann, wenn die Lernenden im Normalfall nicht an Gruppentischen sitzen –, bleibt erwägenswert, spricht aber nicht gegen das Modell.

Das Schaubild (Abb. 1) ist die Grundlage für die Sicht auf Binnendifferenzierung in diesem Buch: Es schließt keinesfalls Differenzierungsmöglichkeiten nach Sozialformen aus oder erachtet sie als nebensächlich, konzentriert sich allerdings auf das Kernanliegen – und ergänzt es um differenzierte Leistungsnachweise.

1.4 Binnendifferenzierung im Kontext von Kompetenzen und Standards – Chancen und Grenzen

Auf den ersten Blick scheint der Bezug auf Bildungsstandards für einige Fächer, darunter auch Geschichte, obsolet: Dort sollen sie gar nicht eingeführt werden. Er ist dennoch nicht irrelevant, weil über zentrale Abschlussprüfungen in allen Schulformen sowie über Vergleichsarbeiten eine implizite Standardisierung von Inhalten und Kompetenzen erfolgt – sozusagen ein „heimlicher Lehrplan 2.0".

Die von der Kultusministerkonferenz im Jahre 2002 beschlossene Einführung von Bildungsstandards an Schulen war unmittelbares Resultat der schlechten Ergebnisse der ersten *PISA*-Studie aus dem Jahr 2000 für deutsche Schülerinnen und Schüler. Diese Einführung ist insbesondere deswegen ein Novum in der deutschen Bildungsgeschichte, weil – sozusagen die Länderhoheit in Sachen Bildung sprengend – die Erfüllung der Standards mithilfe nationaler Tests evaluiert werden soll.

Die zweite Folgerung aus den *PISA*-Ergebnissen bedeutete einen Paradigmenwechsel: Bislang war es üblich und unhinterfragt, dass Lehrpläne bzw. Curricula für die jeweiligen Fächer entwickelt wurden, die für die Klassenstufen in der Sekundarstufe I bzw. die Kurse in der Sekundarstufe II bestimmte Inhalte und Themen festlegten. Leistungsnachweise, besonders aber Prüfungen in den Schulstufen, sollten nachweisen, inwiefern *Lernziele* erreicht wurden. Anders, nämlich in der Diktion der (Bildungs-)Ökonomie formuliert, kam es auf den Input an. Nunmehr interessierte der Input wenig: Entscheidender wurde, was am Ende des Lernprozesses herauskommt (= Output), was über Messungen (= standardisierte Tests) ermittelt werden soll.

Kompetenzen spielten und spielen dabei eine zentrale Rolle: „Mit dem Begriff ‚Kompetenzen' ist ausgedrückt, dass die Bildungsstandards – anders als Lehrpläne und Rahmenrichtlinien – nicht auf Listen von Lehrstoffen und Lerninhalten zurückgreifen, um Bildungsziele zu konkretisieren." (Bundesministerium für Bildung und Forschung 2003, S. 21) Anders formuliert bedeutet dies, dass der Unterricht sich nicht nur von den Erfordernissen des Gegenstandes – also des „Stoffes" der Unterrichtsfächer – leiten lassen soll, sondern von den Lernvoraussetzungen der Lernenden, ihren Vorverständnissen, individuellen Scripts, Interessen und Motivationen. Dem liegt die Grundüberzeugung zugrunde, dass Experten (Wissenschaftler, Lehrkräfte oder auch Hobbyexperten) andere Voraussetzungen und Lernstrategien etc. haben als Noviz(inn)en (Schüler und Studenten).

Kompetenzerwerb ist dann am besten zu messen, wenn Probleme aufgeworfen werden, die gelöst werden müssen – die Definition von Weinert. Dies bedeutet in der Übertragung auf unterrichtliche Anforderungen, dass es auf die Konstruktion von Aufgaben ankommt, die Problemlösungen anstreben. Dies ist zweifelsfrei ein Einstieg für Binnendifferenzierung, indem danach gefragt wird, auf welchen Wegen eine solche Lösung zustande kommen kann.

Ein deutlich umfassenderer Ansatz resultiert aus der Feststellung, dass die Orientierung an Kompetenzen im Kern bedeutet (bedeuten kann), dass Lehrpläne und Rahmenrichtlinien überflüssig werden. Das bedeutet nicht, dass Inhalte völlig ausgeblendet werden, wohl aber, dass Kompetenzen an unterschiedlichen Inhalten erworben werden können – die sicherlich nicht wahllos zu bestimmen sind, weil es Kerne des jeweiligen Fachs gibt –, immerhin aber Optionen enthalten. Unter dem Aspekt der Binnendifferenzierung bedeutet dies, dass durch Konzentration auf das Wesentliche des Faches, das heißt, die Spezifik der Domäne in Abgrenzung zu anderen Fächern, das Grundübel des Unterrichts – die Stofffülle – sinnvoll reduziert werden kann (könnte), was erheblich mehr Raum für differenzierende Maßnahmen böte. Dies schwebte auch der *Klieme-Expertise* vor, die zwar nicht den Schritt wagte, alle Lehrpläne rigoros streichen zu wollen, immerhin aber empfahl, neue „Kerncurricula" einzuführen, die in knapper Form die zentralen Inhalte der Fächer definieren sollten. Dass sich die Debatte über „Kerninhalte" sozusagen als Türöffner für die Einbringung divergierende Interessen unterschiedlicher Gruppen und Verbände erweisen sollte mit der Folge, dass Kerncurricula zuweilen „altem Wein in neuen Schläuchen" glichen, liegt auf der Hand.

Unabhängig davon, kam es auf Länderebene zuweilen zu rechtlichen Regelungen – wenn auch in bescheidenem Ausmaß –, die dazu beitragen können, bessere organisatorische Rahmenbedingungen für binnendifferenziertes Unterrichten zu schaffen: So wurden beispielsweise in Hessen verbindliche Wochenstundentafeln durch Jahresstundenkontingente ersetzt, die es Schulen erlauben, andere Modelle der Unterrichtsorganisation jenseits fester Wochenstunden zu erproben. Eine solche alternative Unterrichtsorganisation bedeutet einen deutlich weiteren Spielraum für binnendifferenziertes Arbeiten jenseits des Doppelstundenprinzips, also die Ermöglichung von Blöcken für Wochenplanarbeit, Stationenlernen und Projekten.

Schließlich bietet Kompetenzorientierung große Chancen für neue Formen der Leistungsnachweise und Prüfungen und ist damit affin zu Schlussfolgerungen aus binnendifferenzierter Perspektive, dass sich diese nicht nur auf den Lernprozess beschränken könne, sondern auch eine Varianz der Leistungsnachweise erfordere. Kompetenzorientierte Leistungsnachweise sind weit davon entfernt oder sollten es sein, einen Kanon von inhaltlichem Wissen (also Stoff, der nach dem Test oder der Klausur ohnehin sofort vergessen wird) abzufragen, sondern Prüfungsaufgaben zu stellen, in deren Bearbeitung Schülerinnen und Schüler z. B.:

- transferorientiert Bekanntes in neuen Anwendungssituationen lösen,
- ihre Projektergebnisse vorstellen und zur Diskussion stellen,
- ihren Lernprozess anhand von kontinuierlichen Dokumenten und deren Ergebnissen vorstellen,
- ihren kleinen Essay oder ihr Feature präsentieren und beurteilen lassen,
- ihre kontinuierliche Dokumentation von Arbeitsergebnissen und Reflexionen als Leistung einbringen.

Angesichts all der Chancen sei eingeräumt, dass die schulische Realität manchmal weniger, im Prinzip aber eher mehr – erinnert sei an die Reforminseln – hinterherhinkt. Gravierender ist der Hinweis auf das generelle Problem der Kompetenzorientierung, nämlich ihre Verknüpfung mit Bildungsstandards, genauer mit *Regelstandards*, die abschlussbezogen und nach Schulformen differenziert sind. Exakt diese Problematik hatte die *Klieme-Expertise* vor Augen, als sie hervorhob:

> Die Expertengruppe rät [...] nachdrücklich zu einer Trennung zwischen der Verwendung standard-bezogener Tests für Evaluation [...] und [...] als Entscheidungshilfe für individuelle Förderung einerseits [...], Noten und Abschlussprüfungen andererseits. Dies ist mit ein Argument dafür, Testeinsätze nicht in den Abschlussjahrgängen durchzuführen. Um es ganz deutlich zu sagen: Diese Expertise sieht die Funktion von Bildungsstandards nicht darin, den individuellen Leistungs- und Selektionsdruck auf Schülerinnen und Schüler zu verstärken.
>
> (Bundesministerium für Bildung und Forschung 2003, S. 49)

Regelstandards, so die Überlegung, ließen ein Durchschnittsniveau definieren, bei dem – wie schon bei den Noten – eine Normalverteilung von Kompetenzen erwartet wird, bei der einige Lernende den Regelfall überböten, andere aber zu den Verlierern gehörten. Für leistungsschwächere Schülerinnen und Schüler würde die Frage offengelassen, was sie denn wissen und können müssen, um als erfolgreich zu gelten. Da zudem solche Regelstandards auch abschlussbezogen gelten sollten, lag ihre Nichterfüllung ausschlaggebend in der Verantwortung der Lernenden. Stattdessen plädierte die Expertenkommission für *Mindeststandards*. „Sie drücken die Mindestvoraussetzungen aus, die von allen Lernern erwartet werden. Diese Mindeststandards müssen schulformübergreifend für alle Schülerinnen und Schüler gelten." (ebd., S. 25) Da sie zudem – wie gesagt – von Leistungs- und Prüfungsnachweisen getrennt, also auf die Evaluation von *Lernprozessen* beschränkt, werden sollten, geben sie zwar den Lernern ggf. Hinweise auf Defizite, stellen zugleich aber die Schulen vor die Aufgabe, diese auszugleichen, z.B. mit differenzierenden Angeboten. Dass dies im Prinzip ebenso für Abschlussprüfungen gelten sollte/müsste, steht auf einem anderen Blatt bzw. wurde bereits erwähnt.

Dieser sehr klaren Vorgabe wollte die Kultusministerkonferenz nicht folgen, mit der Begründung, es gäbe für die Festlegung von Mindeststandards keine wissenschaftliche Basis – als gäbe es solche für Regelstandards!

Da Bildung bekanntlich Ländersache ist, müssen diese Ausgangsbedingungen nicht auf ewig in Stein gemeißelt sein. So formuliert bspw. der neue Rahmenlehrplan für Berlin/Brandenburg, der 2015 fertiggestellt wurde und ab dem Schuljahr 2017/18 in Kraft tritt, nicht nur schulformübergreifende Standards für die einzelnen Fächer, sondern darüber hinaus schulstufenübergreifende, weil auch die Grundschule in den Entwicklungsprozess von Kompetenzen und Standards mit einbezogen wird, eine hoffentlich beispielgebende Pionierarbeit für andere Bundesländer. Sie schafft nämlich Transparenz über die Erreichung oder Nicht-Erfüllung von Standards über die real existierenden Schulformen hinweg, was auch bedeutet, dass Empfehlungen zum Wechsel in eine andere Schulform sinnfällig begründet werden können und nicht notwendig immer nur Abstufung bedeuten müssen – wie (überwiegend) in der derzeitigen Praxis angelegt. Allerdings: An Regelstandards wird nicht gerüttelt.

Mit Blick auf Binnendifferenzierung ist das Festhalten an Regelstandards, besonders in der Verknüpfung mit Abschlussprofilen und -prüfungen, kontraproduktiv. Schülerinnen und Schülern wird über Regelstandards suggeriert, dass ihre Leistungen nicht der Durchschnittsnorm (Regel) entsprechen. Sie werden vermutlich nachvollziehen können, dass der Durchschnitt eine gewünschte Festlegung ist, der ihnen Optionen für berufliche Ausbildung oder weitere schulische Qualifikationen eröffnet. Sie werden vermutlich sich oder der Schule oder den Eltern die Frage stellen, welche Leistungen denn gefragt wären, die ihnen unterhalb der Regel berufliche oder schulische Perspektiven ermöglichen könnten. Auf dieser Grundlage wären Differenzierungen geboten, die ihnen verdeutlichen, was die Mindestvoraussetzungen wären, um einen bestimmten weiteren Weg der schulischen Bildung oder der Ausbildung oder der beruflichen Bildung mit Anschlussmöglichkeiten in Form von Fach- oder Fachhochschule zu finden.

Binnendifferenzierung des Lernens hat insofern einen bedeutsamen Einfluss auf Zukunftschancen von Schülerinnen und Schülern.

1.5 Binnendifferenzierung und Inklusion

In diesem Buch geht es nicht um einen inklusiven Geschichtsunterricht: Der Praxisteil (Kap. 3) enthält keine Beispiele für einen solchen. Das hat damit zu tun, dass es für das Fach Geschichte weder in Theorie und Empirie noch in der Unterrichtspragmatik einen Diskussionsstand gibt, der ein solches Unterfangen als sinnvoll erscheinen ließe. Das bedeutet nicht, dass es keine Anfänge in dieser Hinsicht gibt (z. B. Alavi/Lücke 2016; Kühberger/Schneider 2016). Ich werde im Schlusskapitel darauf zurückkommen.

Wenn trotzdem nicht fachspezifisch, sondern generell auf Inklusion knapp eingegangen werden soll, ist dies dadurch begründet, dass sie, wie zu Beginn des Kapitels formuliert, die beiden Schwerpunktthemen der letzten zwei Jahrzehnte – Binnendifferenzierung/Individualisierung und Kompetenzorientierung, „überformt". Das heißt, beide werden nolens volens erneut auf den Prüfstand gestellt, was auch die Frage beinhaltet, ob bzw. inwieweit sie für inklusives Lernen Bestand haben können.

Die Debatte um Inklusion nahm Fahrt auf, als die Bundesregierung 2007 die *UN-Behindertenrechtskonvention* unterzeichnete, die eine enge Verbindung von Freiheits- und Sozialrechten vornahm und sich auf alle Menschen bezog, „die in marginalisierten Positionen und schwach, abhängig oder weit weg von den gesellschaftlichen Ressourcen sind, (und die) ihren Anspruch auf Menschenwürde nicht verwirklichen [...] können" (zit. nach Barsch 2016, S. 72). Das ist ein sehr breiter Inklusionsbegriff, der zweifellos seine Berechtigung hat, wenn Inklusion und Menschen-/Bürgerrechte konsequent aufeinander bezogen werden.

Betrachtet man die wissenschaftlichen Diskurse über Diversität, lässt sich zunächst die aus den Kulturwissenschaften anglo-amerikanischer Herkunft stammende Unterscheidung nach „Race, Class, Gender" feststellen. Mittlerweile können diese um andere wie „Behinderung", sexuelle Orientierung, Ethnie, religiöse Identitäten u. a. erweitert werden. Soll also Diversität in ihren vielen Facetten und Wirkungen mitgedacht werden (vgl. Alavi/Lücke 2016, S. 9)? Auf den ersten Blick scheint dies mehr als plausibel, da die Aussage der UN-Konvention als pädagogischer Grundsatz gelten kann, „[...] der auf der Basis von Bürgerrechten argumentiert, sich gegen jede gesellschaftliche Marginalisierung wendet und somit allen Menschen das gleiche volle Recht auf individuelle Entwicklung und soziale Teilhabe ungeachtet ihrer persönlichen Unterstützungsbedürfnisse zugesichert sehen will." (Hinz 2006, S. 97; zit. in Alavi/Lücke 2016, S. 10)

Wenzel (2012b, S. 241) unterstreicht diesen Ansatz: „Inklusion versteht alle Schülerinnen und Schüler als unterschiedlich und als Menschen mit besonderen Bedürfnissen, auf die Pädagogik, Schule und Unterricht reagieren müssen. Hier steht die Klasse und nicht mehr einzelne behinderte Schülerinnen und Schüler im Fokus." Und weiter: „Streng genommen wird mit dem systemischen Ansatz der Inklusion eine Aufhebung der Unterscheidung in behinderte und nichtbehinderte Lernende oder zwischen Förderschwerpunkten und ‚anderen' heterogenen Voraussetzungen fällig und notwendig." (ebd.) Folglich brauchen weder fachlicher Unterricht noch schulische Konzepte Förderpläne für einzelne Lerner innerhalb wie außerhalb des Klassenverbandes, sondern Strategien und Handlungskompetenzen der Lehrkräfte für die ganze Klasse mit allen individuellen Lernvoraussetzungen. Nicht das Kind werde in die passende Institution eingegliedert, sondern die Lernbedingungen werden so angepasst, dass alle Schülerinnen und Schüler individuelle Hilfen erhalten.

Zur Ambivalenz eines solchen Individualisierungskonzeptes sind oben bereits kritische Anmerkungen gemacht worden, und darüber hinaus, dass nicht alle Merkmale von Heterogenität im schulischen Kontext aufgefangen werden können. Diese Einschränkungen gelten umso mehr, wenn Aspekte von Diversität mit in ein solches Individualisierungsmodell einbezogen werden sollen. „Class, race, gender" u. a. können nicht über die Schiene der methodischen Ausdifferenzierung in die unterrichtliche Praxis einbezogen werden, sondern in bestimmten Fächern, zu denen auch Geschichte gehört, über Themensetzungen und inhaltliche Schwerpunkte im Rahmen eines Kerncurriculums.

Auf der Ebene der methodischen Strukturierung von Lehr-/Lernarrangements kann Inklusion nur bedeuten – das ist die hier vertretene These –, dass Binnendifferenzierungsangebote alle Lernenden einschließen. Anders formuliert: Erst dann, wenn für wie immer auch gehandicapte Lerner kein(e) Zusatzangebot(e) in einem ansonsten nicht differenzierten Unterricht bereitgestellt werden, sondern man sie in die vorhandene Differenzierungsbreite mit einschließt bzw. diese je nach Diagnose der Lernvoraussetzungen ggf. ergänzt, werden sie nicht ausgeschlossen. Insofern ist Binnendifferenzierung die Voraussetzung für einen inklusiven Unterricht.

Vergleichbares gilt für die Kompetenzorientierung in den Fächern. Wiederum geht es nicht darum, neue bzw. andere Kompetenzen für die Einbeziehung von Lernenden mit Behinderung zu formulieren, sondern eher darum, sich in den Fachdidaktiken besonders um zwei Problembereiche zu kümmern:

- Standards schulformübergreifend zu formulieren, das heißt von der Grundschule bis hin zu Abschlussprofilen. Solche Standards könnten dann folglich dazu führen, dass sie von Schülerinnen und Schülern zu unterschiedlichen Zeiten innerhalb ihrer schulischen Entwicklung erreicht werden können.
- Die Kompetenzen in den Fächern feiner zu untergliedern, was bedeuten könnte, Teilkompetenzen mit abgrenzbarer Trennschärfe festzulegen, sodass mehr als die bislang üblichen zwei oder drei Niveaustufen ausgewiesen würden.

Beides könnte dazu beitragen, dass für alle Lerner die gleichen Kriterien für Kompetenzerwerb gelten würden. Dass dies nicht fern der Realität liegt, zeigt der schon erwähnte Rahmenlehrplan für Berlin-Brandenburg. „Anders als die meisten bundesdeutschen Rahmenlehrpläne weist das neue Curriculum mit seinem Kompetenzentwicklungsmodell alle Standards schulformübergreifend aus.

Die Progression der Standards wurde für die Jahrgangsstufen 1 bis 10 dergestalt entwickelt, dass die sich steigernden Anforderungen an das domänenspezifische Können von Schülerinnen und Schülern vom Beginn der Grundschule bis zum Ende der Sekundarstufe aufeinander abgestimmt wurden." (Hamann/Wenzel 2016, S. 109) Für die Standards wurden jeweils acht Niveaustufen formuliert. Damit wird mit beiden Ansätzen im schulischen Alltag zur Kenntnis genommen, dass sich in derselben Lerngruppe eine weite Spreizung der Kompetenzanforderungen zeigen kann. „Die Heterogenität der Schülerleistungen in einer inklusiven Lerngruppe wird somit auf der Ebene der Kompetenzen und ihrer Standards gespiegelt." (ebd., S. 110)

2 Binnendifferenzierung im Geschichtsunterricht

Kompetenzen sind – so die *Klieme-Expertise* – domänenspezifische Problemlösungsstrategien, bilden also die Spezifika der Wissenschaftsdisziplinen und damit auch, wenngleich in reduzierter Form, der Unterrichtsfächer als Grundstruktur ab. Geschichte in Wissenschaft und Unterricht zeichnet sich durch unübersichtliche, im Sinne von geringer Strukturiertheit, Besonderheiten aus:

- Die Vergangenheit ist nicht über Primärerfahrungen zugänglich; in der Lebenswelt der Schülerinnen und Schüler gibt es zwar unübersehbare Hinweise auf Vergangenes (von Burgen und Fachwerkbauten über Denkmäler und Gedenktage bis hin zu Spielfilmen, Jugendbüchern und Living History), aber alle diese Hinweise sind Rekonstruktionsversuche bzw. Deutungen von Vergangenem – also Geschichte.
- Vergangenheit begegnet den Lernenden, wie den Erwachsenen auch, über Quellen, in den meisten Fällen schriftlicher Natur, und, je näher die Gegenwart rückt, zudem in visueller, auditiver oder gegenständlicher Form, wobei letztere vor der schriftlichen Überlieferung schon die entscheidende war. Man kann anders formuliert davon sprechen, dass Vergangenes als Erzählung existiert.
- Solche Erzählungen haben immer mit Fremdheit und Alterität zu tun und müssen folglich methodisch kontrolliert (nämlich durch Perspektivenübernahme) in die Gegenwart übersetzt werden, um z. B. unzulässige Analogien („Familie" damals und heute, Primitivität und Fortschritt) zu verhindern. Erst mit und nach einer solchen Anstrengung ist Sinnbildung über Zeiterfahrung möglich und lassen sich Geschichte(n) über Vergangenes plausibel und triftig erzählen.
- Eine gering strukturierte Domäne meint auch: Es geht um einen zeitlichen Wandel, der zunächst geprägt ist durch die Erfahrung von Kontingenz, das heißt auf den ersten Blick zufälligen, wenig Sinn ergebenden Ereignissen, mit denen man sich auseinandersetzen muss; dazu kommt, dass es zwar ein ausgefeiltes methodisches Instrumentarium gibt, historische Erkenntnisse hervorzubringen, aber keines, das mit Gesetzmäßigkeiten bzw. objektiv wirksamen Regeln – wenn, dann – zu tun hat.

Kurzum: Wie umfassend wissenschaftliche Grundlagen auch immer für schulisches historisches Lernen reduziert werden, es gilt: Geschichte ist ein Denkfach mit erheblichen kognitiven Ansprüchen.

Es kann in diesem Kapitel nicht darum gehen, all diese Dimensionen hinlänglich auszuleuchten, dazu gibt es etliche Einführungen in die Fachdidaktik (z. B. Gautschi 2012, Sauer 2012, Baumgärtner 2015), wohl aber darum, die Grundsätze historischen Lernens soweit zu beschreiben, wie sie für Binnendifferenzierung notwendig sind.

2.1 Historisches Lernen

Historisches Lernen ist als Prozess zu verstehen, der damit beginnt, dass Schülerinnen und Schüler ja nicht erst durch den Unterricht mit Geschichte bekannt gemacht werden, sondern in ihrer Lebenswelt in vielfältiger Weise mit Vergangenem konfrontiert werden – Denkmäler, Schul- und Straßennamen, Spielfilme, Comics etc. – und zudem über z.T. erhebliches Vorwissen über sie besonders interessierende Einzelaspekte verfügen. Hinzu kommt, dass sie gezielte Anforderungen an den Geschichtsunterricht stellen. Wenn man als Lehrkraft den Anfangsunterricht beginnt, wird man nicht selten erstaunt sein, dass nicht wenige Lernende gern ein Referat über das Leben in der Steinzeit oder den Bau der ägyptischen Pyramiden gestalten möchten; oder dass sofort danach gefragt wird, wann denn „Nationalsozialismus drankommt". Kurzum: Alle verfügen über ein mehr oder weniger ausgeprägtes Geschichtsbewusstsein, das verständlicherweise zuweilen präzise Kenntnisse, aber auch Stereotype (wie etwa das dunkle Mittelalter) oder schlicht sachliche Fehler enthält, wie etwa den, die Verfolgung der Hexen im Mittelalter anzusiedeln. Entscheidend dabei ist, dass solche Einstellungen nicht aus der quellengebundenen Analyse von Vergangenem beruhen, sondern aus Vergangenheitsdeutungen, wie Sachbüchern, Zeitschriften oder historischen Romanen und Filmen.

Der Prozess historischen Lernens hat folglich als Ausgangspunkt die je unterschiedlichen, lebensweltlich geprägten Vorstellungen von Geschichte – das Geschichtsbewusstsein der Lernenden. Sein Ziel lässt sich darin beschreiben, dass es um die Entwicklung eines *reflektierten* Geschichtsbewusstseins geht, das es den Lernenden ermöglicht, zu den sie umgebenden Deutungen von Geschichte begründet Stellung zu nehmen: Ist der Name „meiner" Schule sinnvoll; wird der Spielfilm „Luther" dem Reformator gerecht; soll ein historisches Gebäude bzw. seine Überreste entsorgt oder rekonstruiert werden; wie historisch triftig sind meine Playmobil-Figuren oder Modelle? Die Lernenden sollen zwar keineswegs Mini-Historiker(-innen) werden, aber ansatzweise über ähnliches Methodenwissen verfügen wie diese. Sie werden ähnlich wie vor ihrer Schulzeit auch danach ständig mit Geschichte in Berührung kommen. Diese ständige Berührung mit Geschichte wird als „Geschichtskultur" bezeichnet. Geschichtsbewusstsein und Geschichtskultur bilden quasi zwei Seiten einer Medaille, „auf der einen Seite Geschichtsbewusstsein als *individuelles* Konstrukt, das sich in Internalisierungs- und Sozialisierungsprozessen aufbaut, auf der anderen Seite Geschichtskultur als *kollektives* Konstrukt, das auf dem entgegengesetzten Weg der Externalisierung entsteht und uns in Objektivationen mit dem Anspruch der Akzeptanz gegenübertritt" (Schönemann 2000, S. 44, Hervorhebung im Original). Schlichter

Abb. 2: Gefallenendenkmal im Kasseler Friedrichsgymnasium (Foto: Peter Adamski)

formuliert: Geschichtsbewusstsein ist immer eine individuelle Haltung/Einstellung, Geschichtskultur ein gesellschaftliches Derivat, das unterschiedliche Interessen, Deutungen von Geschichte und deren z.T. konfliktreiche Durchsetzung spiegelt.

Wie aber läuft der Prozess historischen Lernens ab? Dies sei an einem Beispiel exemplifiziert: Im unterrichtlichen Kontext „Zweiter Weltkrieg" oder „Nachkriegsdeutschland" entdecken einige Lernende – hier des Kasseler Friedrichsgymnasiums –, dass in der Pausenhalle der Schule ein Denkmal angebracht ist (s. Abb 2). Dieses Denkmal ist augenscheinlich älteren Datums, was sein Zustand, seine Symbolik und im Besonderen seine schriftlich formulierte Botschaft anbelangt (s. Abb 3). Auf den Seitentafeln sind die Namen der Ehemaligen (= Fridericianer) notiert, die im Ersten und Zweiten Weltkrieg starben.

In einem ersten Schritt nehmen Schülerinnen und Schüler also einen Gegenstand als historisch wahr. Sie stellen danach Fragen an die Geschichte, nicht nur die nach der Entstehungszeit und den Initiatoren, sondern auch solche, warum und weshalb diese Symbolik, besonders aber dieser Leitspruch, gewählt wurde – denn sie irritierte schon auf den ersten Blick, dass sie „für uns ihr Leben gaben". Hier geht es um *Wahrnehmungskompetenz*.

Abb. 3: Widmung des Denkmals (Foto: Peter Adamski) [Mortui Viventes Obligant/Den Fridericianern/Die für uns ihr Leben gaben]

In einem zweiten Schritt werden Wege skizziert, die den historischen Sachverhalt erschließen helfen, das heißt, Nachforschungen ermöglichen:

- im Schularchiv,
- im Stadtarchiv,
- im Archiv der Lokalzeitung,
- ggf. über Zeitzeugen.

Die Sichtung und Verarbeitung der unterschiedlichen Zeugnisse (= Quellen) ergibt rekonstruierte Fakten, die in einem ersten Schritt zur Klärung des historischen Sachverhalts beitragen – eine Sachanalyse, wobei bei dieser in den meisten Fällen, so auch hier, deutlich wird, dass es unterschiedliche Auffassungen oder Widersprüche in den analysierten Dokumenten gibt. Im konkreten Beispiel besagten bspw. einige Aussagen, dass es nicht nur um die Erinnerung an die gefallenen Soldaten gehen sollte; auch wurden Zweifel deutlich, ob das schließlich realisierte Denkmal den ursprünglichen Überlegungen entsprach, denn Ehemalige, die in Konzentrationslagern umgebracht, Opfer von Bombardements oder als Widerstandskämpfer ermordet wurden, waren nicht auf den Tafeln vermerkt. Hier geht es um *Analyse- oder Erschließungskompetenz*.

Im nächsten Schritt müssen die vorliegenden Sachanalysen aus den einzelnen Quellen miteinander in Beziehung gesetzt, Widersprüche erkannt und benannt sowie gewichtet werden. Hinzu kommt, dass es notwendig ist, den historischen Kontext des Denkmals einzubeziehen: War es ein typisches für den Entstehungszeitraum (1957)? War das Geschichtsbewusstsein der „Gründer" typisch für diese Zeit? Aus der Interpretation all dieser Aspekte entwickeln die Lernenden ein „historisches Sachurteil", indem sie erklären, wie dieses Denkmal entstanden ist und erläutern, zu welchen Kontroversen oder unterschiedlichen Meinungen es kam. Hier geht es um *Interpretationskompetenz*.

„Anschließend stellen die Lernenden eine Beziehung zwischen dem historischen Faktum und seiner geschichtlichen Bedeutung einerseits und einer persönlichen oder sozialen Betroffenheit andererseits her." (Gautschi/Bernhardt/Mayer 2012, S. 335) Hier geht es um *Werturteils- oder Orientierungskompetenz*. Um ein denkbares Missverständnis auszuschließen: *Orientierungskompetenz* bedeutet nicht eine zeitliche Orientierung in Epochen – also z. B. Zeitleiste oder Zeitstrahl –, sondern, was die Beschäftigung mit dem konkret historischen Thema mit mir selbst, mit meinen Wertvorstellungen zu tun hat oder haben kann. Dabei ist es ganz wichtig, dass der Unterschied zwischen Sach- und Werturteil deutlich wird – was in seltensten Fällen einfach ist. Jedenfalls können sie zu ganz unterschiedlichen Werturteilen gelangen, z. B.:

- dass die Auffassung der Zeitgenossen zwar nachvollziehbar, aber nicht mit den eigenen moralischen Maßstäben „für uns" zu vereinbaren ist;
- dass schon die Meinung der damals mit der Denkmalplanung Befassten nicht zu akzeptieren ist, weil es Stimmen gab, die eine andere Variante bevorzugten, die plausibler erscheint;
- dass es generell nicht vertretbar ist, Denkmäler zu installieren, die an Kriege erinnern, es sei denn, um diejenigen hervorzuheben, die sich von vornherein aktiv gegen kriegerische Auseinandersetzungen gewandt haben.

Wahrnehmung, Erschließung und Interpretation führen schließlich dazu – und das sollen sie auch tun –, dass Schülerinnen und Schüler ihre eigene(n) Geschichten – hier zum Denkmal an ihrer Schule – erzählen. Solche Erzählungen können, wie gesehen, erheblich differieren und sind in ihrer Bewertung auch schwer zu gewichten, wenngleich gilt, dass sie triftig und plausibel sein müssen, das heißt, dass sie nicht die Quellen und den historischen Kontext ausblenden, was bedeuten würde, überzeitlich gültige moralische Maßstäbe zum alleinigen oder entscheidenden Beurteilungsmaßstab zu wählen. Hinzu kommt als wichtiges Bewertungskriterium, wie differenziert die eigene Position begründet wird. Hier geht es um *Narrative Kompetenz*, historisches Erzählen, den Kern historischen Lernens: Schülerinnen und Schüler gehen nicht nur rezeptiv mit Geschichte um, sondern werden Produzent(inn)en von eigenen Geschichten über Vergangenes. Sie lernen auf eine bestimmte Weise, Sinn über Zeiterfahrungen zu bilden, indem sie Vergangenheit (= Zeit der Denkmalsetzung), Gegenwart (= das Denkmal ist nach wie vor existent) und Zukunft (= was soll mit ihm geschehen?) verknüpfen. Daraus lassen sich unterschiedliche Handlungsperspektiven ableiten, die aus den jeweiligen Werturteilen resultieren (= wie stehe ich zu dem Denkmal): Bedarf es einer Ergänzung um die Namen der Opfer von Bombenangriffen, des Holocaust sowie Menschen, die sich dem NS-System verweigert bzw. es bekämpft haben? Oder soll es unverändert bleiben, weil es eine bestimmte historische Denkmaltradition repräsentiert?

Es wird nicht immer, wahrscheinlich eher selten, so sein, dass eine Beschäftigung mit Vergangenem zu so weitreichenden Folgerungen für die eigenen Zukunftsvorstellungen führt. Dieses Beispiel kann aber zeigen, dass historisches Lernen durchaus zu politischer Bildung in dem Sinn führen kann, dass es auch eine Teilhabe an gegenwärtigen Diskursen auslösen kann, die zwar anders als in diesem Fall weniger unmittelbar politisch handlungsorientiert ausfallen können, aber doch das individuelle Geschichtsbewusstsein insofern berühren, dass Lernende begründete Statements zu geschichtskulturellen Phänomenen abgeben. Sie sind vermutlich anders gelagert als in den Fächern, die *unmittelbar* zur Meinungsbildung aufrufen, wie im Fach Biologie bezogen auf Massentierhaltung. Sie sind auch anders gelagert als im POWI-Unterricht, der die gesellschaftliche Realität und deren Problematik im Fokus hat, was nicht bedeutet, die historische Perspektive auszublenden, wohl aber deren Relevanz nicht so zu fokussieren, wie es im Geschichtsunterricht möglich ist. Historisches Lernen beansprucht stattdessen, dass es grundsätzlich auf die Verknüpfung von Vergangenheit, Gegenwart und Zukunft ankommt, was aber auch bedeutet, gegenwärtige Probleme im historischen Kontext einzuordnen. Insofern können Schülerinnen und Schüler sich z. B. dazu äußern – im Sinne eines *Werturteils* (inhaltlich) bzw. ihrer *Orientierungskompetenz* (kompetenzbezogen), ob sie beispielweise:

- der Einschätzung der Wissenschaft folgen wollen, dass es sich beim Übergang von der Alt- zur Jungsteinzeit um eine Revolution gehandelt hat;
- die Ansicht teilen, dass es Luther nicht darum ging, die Bauern aus ihrer Abhängigkeit zu befreien;
- den Imperialismus des 19. Jahrhunderts nicht auszeichnet, dass er einen Beitrag für die indigenen Völker geleistet hat.

In der Geschichtsdidaktik gibt es freilich kein konsensual entwickeltes Kompetenzmodell, sondern konkurrierende Ansätze. Das hier favorisierte Modell geht auf die Ansätze von Peter Gautschi zurück, dessen Kompetenzmodell u. a. in das *Hessische Kerncurriculum Geschichte* Aufnahme gefunden hat.

Dass es kein für die Geschichtsdidaktik verbindliches Modell von Kompetenzen gibt, bedeutet nicht, dass alle existierenden Vorschläge Merkmale aufnehmen, die man als Elemente „historischen Denkens" bezeichnen könnte (vgl. Sauer 2012, S. 23 f.). Schülerinnen und Schüler lernen:

- den Konstruktcharakter von Geschichte kennen. Geschichte existiert nicht „an sich", sondern entsteht durch Deutung historischer Zeugnisse.

- mit Perspektivität in der Geschichte umzugehen. Historische Zeugnisse sind standortgebunden und interessenbestimmt. Erst die Wahrnehmung von Perspektivität ermöglicht das Verstehen des Fremden.
- Sach- und Werturteile zu unterscheiden. Das Sachurteil erfolgt auf der Basis zeitgenössischer Wertvorstellungen, das Werturteil verknüpft historische und gegenwärtige Wertvorstellungen und Urteilsnormen.
- Veränderungen in der Geschichte wahrzunehmen. Sie können das Wechselspiel zwischen Kontinuität und Wandel in der Geschichte erkennen.
- Gegenwartsbezüge herzustellen. Sie können aus Wissen und Einsichten über die Vergangenheit Beurteilungsmaßstäbe und Handlungsanleitungen für die Gegenwart gewinnen.
- mit zentralen Fachbegriffen zu arbeiten.
- Verfahren historischer Untersuchung zu beherrschen. Sie lernen, historische Fragen zu formulieren, Hypothesen aufzustellen und diese zu überprüfen.
- mit Darstellungen von Geschichte kritisch umzugehen. Das gilt für solche, die sie bspw. in Zeitschriften und wissenschaftlichen Darstellungen finden, besonders jedoch für diejenigen, mit denen sie nahezu täglich über Film und Fernsehen konfrontiert werden.
- eigene Deutungen von Geschichte vorzunehmen. Sie können Quellen und Darstellungen in angemessener Weise in die eigene Argumentation einbeziehen, was mehr bedeutet, als einzelne Quellen zu interpretieren.

Zugespitzt formuliert: „Erstens ist es notwendig, dass Kinder im Geschichtsunterricht vor allem anderen ‚historisches Denken' lernen und dass das Erlernen des ‚historischen Denkens' einen unbestrittenen Vorrang vor anderen Möglichkeiten, im Geschichtsunterricht etwas zu lernen, erhält." (Bergmann 2008, S. 24 f.)

Zu Beginn des Kapitels wurde herausgestellt, dass es sich bei Geschichte um ein „Denkfach" handelt, was durch die anschließenden Ausführungen konkretisiert wurde. Inwiefern kann Binnendifferenzierung diese Ansprüche einerseits aufgreifen, sie andererseits aber adressatenorientiert modifizieren. Was immer auch bedeutet, andere als sprachlich-kognitive Erkenntnismöglichkeiten als legitime Zugänge zur Historie zu akzeptieren und folglich in den Prozess historischen Lernens einfließen zu lassen.

Ersteres kann über Aufgabenkonstruktionen gelingen, die die Ausgangsfragestellung (z. B. einen komplexen Arbeitsauftrag) enger, kleinschrittiger, ggf. anschaulicher formuliert oder gezielte Hilfen zur Verfügung stellt. Alternativ oder ergänzend kann hinsichtlich der Auswahl der Materialien auf sprachlich schlichtere zurückgegriffen werden, die für einige Schülerinnen und Schüler eher in den Verstehenshorizont rücken als komplexe Quellenausschnitte.

Über solche sprachlich-kognitiven Vereinfachungen bzw. gezielte Strukturierungen hinaus bietet binnendifferenziertes historisches Lernen aber vor allem die Chance, von der Textlastigkeit des Geschichtsunterrichts, die sicherlich aus unterschiedlichen Gründen in den letzten beiden Jahrzehnten zurückgegangen ist, in größerem Maße abzurücken. Sowohl bei der Auswahl der Materialien, vor allem aber bei unterschiedlichen Lernzugängen, kann stärker auf visuelle Quellen (Fotos, Filmausschnitte und Ausschnitte aus Comics), zudem auf auditive und/ oder performative (wie Musik, Popsongs, Reden etc.) zurückgegriffen werden.

Dies gilt schließlich auch für den Kern historischen Lernens, das historische Erzählen. Das „Produkt" einer Lernaufgabe muss nicht notwendig eine textbasierte Darstellung/Erzählung sein, sondern bietet Schülerinnen und Schülern ein weites Feld und einen breiten Formenreichtum an, den sie ausschöpfen können, um die ihnen besonders angemessene Verarbeitung von Vergangenem in eigenen Geschichten zu präsentieren.

Diese Möglichkeiten und Verfahren eines binnendifferenzierten Geschichtsunterrichts werden im Kapitel 3 ausführlich vorgestellt und kommentiert. Sie sollten mindestens in elementaren Formen bereits in speziellen, den Rahmen einer Doppelstunde überschreitenden, Methoden für binnendifferenziertes Lernen angelegt sein, wie es besonders für das Stationenlernen und ähnlichen Lernarrangements gilt.

2.2 Binnendifferenzierung bei „gelenkter Freiarbeit“ – Lernen an Stationen, Wochenplan

> Schülerinnen und Schüler können selbstständig Geschichte lernen. Sie tun dies beispielsweise, wenn sie zu einem ausgewählten Thema verschiedene Stationen zur Auswahl haben. Eine solche Arbeitsform macht es möglich, dass sich die Lernenden zur selben Zeit und allenfalls im gleichen Raum mit (1.) unterschiedlichen Lerninhalten (2.) auf einem ihnen angepassten Niveau (3.) mit den von ihnen bevorzugten Medien (4.) in der gewählten Sozialform und (5.) in individuellem Lerntempo befassen.
>
> (Gautschi 2016, S. 515)

Bei der von Gautschi (ebd.) beschriebenen Lernform handelt es sich um eine „gelenkte Freiarbeit", weil durch die Organisationsform Stationenlernen die Wahlmöglichkeiten in verschiedener Hinsicht zwar groß sind, die Lernenden aber nicht uneingeschränkt auf einen Pool von Arbeits- und Materialanregungen sowie ggf. selbstbestimmten Inhalten zurückgreifen können, wie es in der klassischen Freiarbeit der Fall ist.

Stationenlernen ist nicht die einzige Methode gelenkter Freiarbeit, die speziell ein breites Spektrum von Binnendifferenzierung abbildet: Oftmals wird Werkstattarbeit synonym verwendet; Lernbüffets oder Lerntheken unterscheiden sich davon hauptsächlich dadurch, dass die Schülerinnen und Schüler nicht von Station zu Station wandern, sondern sich von ihrem Platz oder Gruppentisch aus mit Materialien und Arbeitsanregungen an Büffet oder Theke „bedienen". Auch bei der Wochenplanarbeit verbleiben die Lernenden an ihren Plätzen, sofern sie nicht auf Materialien aus der Lernumgebung zurückgreifen müssen, z. B. Fachlexika, andere Geschichtsbücher etc. Allen Methoden ist gemeinsam, dass sie – in Abgrenzung zur Differenzierung in der Doppelstunde – zwar auf dieselben Merkmale/Aspekte rekurrieren, diese aber in erheblich größerer Breite und/oder Kombination anbieten.

Im Folgenden geht es daher nicht um die vorhandenen Unterschiede dieser Methoden, sondern um die Ähnlichkeiten bezogen auf die Ausschöpfung ihrer Potenziale für Binnendifferenzierung. Gleichzeitig soll unter fachdidaktischen Aspekten auf einige unausgeschöpfte Möglichkeiten sowie Problemzonen hingewiesen werden. Dies wird exemplarisch am Stationenlernen konkretisiert.

Methodische Aspekte

Betrachtet man die Publikationen und Unterrichtsbeispiele der letzten zehn Jahre, lassen sich zwei Entwicklungen feststellen:

- Lernen an Stationen hat sich – wie schon erwähnt – in unterschiedliche Varianten differenziert: Lernwerkstatt, Lernzirkel, Lernbüffets und Lerntheken, um nur einige Beispiele zu nennen. Von begrifflicher Trennungsschärfe kann nicht immer ausgegangen werden: „Lernzirkel" meint vom Ursprung her eine bestimmte Reihenfolge der Bearbeitung der einzelnen Stationen und sollte auch so verstanden werden (anders: z. B. Brokemper 2015).
- Einige Unterrichtsbeispiele haben sich darauf konzentriert, neben Lernaufgaben für alle durchgängig oder punktuell an einigen Stationen mit binnendifferenzierten Angeboten zu arbeiten, also nicht nur Wahlstationen anzubieten

Dass die begrifflichen Unterscheidungen z.T. auch konzeptionelle Varianten darstellen, soll nicht bestritten werden. Diese werden allerdings erst mit der zweiten Neuerung, der Aufgabenwahl, interessant. Gerade unter Aspekten der Binnendifferenzierung macht es Sinn, Lernzirkel nicht mehr oder nicht nur nach Wahl- und Pflichtstationen zu konzipieren, sondern innerhalb der nunmehr ausschließlich Pflichtstationen Wahlmöglichkeiten für Lernende zu eröffnen. Dies muss nicht zwangsläufig bedeuten, dass diese allesamt nach Schwierigkeitsgraden, sondern auch z. B. nach Lernwegen oder Lernzugängen gestaltet sind. Es gibt darüber hinaus die Möglichkeit, alle Stationen auf zwei unterschiedlichen Niveaus (Material) anzubieten (vgl. Miculic 2014). Auch Wahlstationen müssen nicht grundsätzlich ausgeschlossen werden. Sie können dann sinnvoll sein, wenn sie als spielerisches/kreatives Additum für schnellere Lernende ausgewiesen sind Dies bedeutet insgesamt ein deutliches Mehr an Differenzierungspotenzial, das die bekannten methodischen Grundelemente innerer Differenzierung erweitert:

- die weitgehend selbstständige Arbeit der Schüler,
- die freie Wahl der Lernpartner bzw. der Sozialform,
- das eigene Lerntempo im Rahmen einer Gesamtzeitvorgabe,
- die gemeinsame Kontrolle der Lernergebnisse,
- die freie Wahl der Reihenfolge, in der die Stationen bearbeitet werden.

Freilich bedeutet methodischer Mehrwert nicht notwendig besseren Ertrag historischen Lernens, sondern könnte auch, wie vielfach beobachtet werden kann, zu reinem Aktionismus mit zweifelsfrei großem Spaßfaktor führen – Abwechslung ist alles! Insofern ist entscheidend, inwieweit oder ob überhaupt didaktische Reflexionen methodischen Überlegungen zugrunde liegen, die immer danach fragen, was denn historisch gelernt werden soll und welche Funktion im Kontext dieser Überlegungen methodische Lehr-/Lernarrangements haben.

Didaktische Aspekte

Stationenlernen wird niemals ein gesamtes Thema betreffen, sondern dessen exemplarische Aspekte. Aber damit wird eine solche Methode für den Geschichtsunterricht zu einem Problem. Er ist chronologisch orientiert und Chronologie ist – zugespitzt formuliert – der Feind allen Stationenlernens im Fach Geschichte.

Dies bedeutet für den Geschichtsunterricht eine Einschränkung der Themen auf solche, die sich auf synchrone Strukturen beziehen (Lebenswelten im Mittelalter, Merkmale des Absolutismus, Imperialismus in verschiedenen europäischen Ländern usw.). Chronologisch angelegte Themen eignen sich nicht (Krisenjahre der Weimarer Republik, Entwicklung der Teilung Deutschlands 1945–1949 oder gar ein Lernzirkel zur Geschichte der Bundesrepublik Deutschland 1949–1990), weil die freie Wahl der Reihenfolge der Bearbeitung der Stationen Lernende eher verwirren würde. Auch ein an den Stationen und im Stationenpass markierter Zeitstrahl würde wenig an der Grundproblematik ändern.

Es ist auch zu bezweifeln, dass diachrone Verfahren, also historische Längsschnitte und Vergleiche, anders zu betrachten wären (vgl. Kampl 2016, S. 26): Ein Stationenlernen zum Thema *Sklaverei von der Antike bis zur Gegenwart* würde bei den Lernenden eher zur Verwirrung als zur Orientierung beitragen. In reduzierter Form – Sklaverei in Ägypten, der attischen Polis und im Römischen Reich – sähe das ganz anders aus, weil kein epochenübergreifender Zugriff gewählt würde, sondern einer, der historische Gleichzeitigkeit im Blick hätte.

Blieben für historisches Lernen also eher alltagsgeschichtliche Themen? Ja und Nein: Sie eignen sich in besonderem Maße, weil sie erstens besonders anschlussfähig an die jugendlichen Lebenswelten sind (Wohnen, Kleidung, Ernährung, Schule im alten Ägypten oder Rom etc.) und zugleich durch ihre Anschaulichkeit erhebliches Differenzierungspotenzial im Sinne von Materialien und Lernzugängen enthalten. Aber genauso sinnvoll können auch wesentliche historische Zäsuren über Stationenlernen eingebunden werden, z. B. der Erste Weltkrieg. Dies freilich nicht bezogen auf seinen Verlauf, sondern auf wesentliche Kriegserfahrungen – Kriegsbegeisterung oder nicht; Heimatfront; in den Schützengräben etc.

Diese Beispiele unterstreichen, dass Stationenlernen für den Geschichtsunterricht eher einen exemplarischen Ausschnitt eines Gesamtthemas als einen Gesamtüberblick zum Gegenstand hat. Ausnahmen bestätigen die Regel.

Unter Kompetenzgesichtspunkten können gewisse Gütekriterien für ein Lernen an Stationen genannt werden (Kühberger/Windischbauer 2012, S. 29):

- Welche historischen *(Teil-)Kompetenzen* werden mit dem Material angebahnt?
- Was bezweckt das Material? Welche *Lernziele* werden damit verfolgt?
- Über welche *(Teil-)Kompetenzen* und welches *Vorwissen* müssen die Schüler/-innen verfügen, um mit dem Material sinnvoll arbeiten zu können? Welches *Arbeitswissen* muss zur Verfügung gestellt werden?
- Welches *Aufgabenformat* wurde zur Umsetzung gewählt (Zuordnungsaufgaben, Fragen beantworten, Textproduktion, Quellenanalyse usw.)? *Warum* wurde dieses Format gewählt?
- Welche *Aktivitäten* und/oder *Denkoperationen* erfordert das Material? Vom Schüler/von der Schülerin?
- Welche *Sozialform* fordert das Material/lässt das Material zu?
- Welche *Vorteile* bietet das Material?
- Welche *Probleme* könnten auftreten?

Dies ließe sich unter Differenzierungsaspekten ergänzen:

- Sollen Materialien angeboten werden, die unterschiedlichen *Lernzugängen* gerecht werden?
- Sollen über Aufgabenstellungen verschiedene *Lernwege* und *Lernprodukte* ermöglicht werden?
- Sollen Aufgaben nach *Schwierigkeitsgraden* gestuft werden?
- Sollen bei Aufgaben *Lernhilfen* zur Verfügung gestellt werden?
- Sollen grundsätzlich oder punktuell für einzelne Stationen *Wahlaufgaben* vorhanden sein?

Problemzonen

Zwei Ankerstellen des Stationenlernens bedürfen einer fachdidaktischen Profilierung – Ein- und Ausstieg.

Der Einstieg ist das Herzstück für gelingendes historisches Lernen. So richtig es ist, den Lernenden zunächst einen Überblick zum Thema und den einzelnen thematischen Aspekten der Stationen, zu den Anforderungen und Lernzugängen zu geben sowie sie mit den organisatorischen Prinzipien (Stationenpass, verbindliche oder frei wählbare Sozialformen) vertraut zu machen, so fahrlässig wäre es, daran anschließend den Lernzirkel zu beginnen. Unter didaktischen Gesichtspunkten ist anderes entscheidend: Es bedarf eines problemorientierten Einstiegs im Klassenverband, der gewissermaßen die didaktische Klammer bzw. der rote Faden ist, der die einzelnen Stationen verknüpft.

Wenn es bspw. um die Grundzüge der Lebensweise in der Steinzeit geht, sollte es das Ziel historischen Lernens im Anfangsunterricht sein, dass die Schülerinnen und Schüler erkennen, dass es einen entscheidenden Wandel zwischen Alt- und Jungsteinzeit gegeben hat – die Neolithische Revolution. Insofern wäre es sinnvoll, dieses z. B. über zwei Rekonstruktionszeichnungen etwa zum Thema Wohnen anzubahnen, um anschließend in den einzelnen Stationen die Problematik immer wieder aufzugreifen (Ernährung, Kleidung, Arbeiten etc.).

Ein zweites Beispiel (Adamski 2011) setzt sich mit der Zwangsarbeit sowjetischer Frauen und Männer während des Zweiten Weltkriegs im nationalsozialistischen Deutschland auseinander. Hier wird zunächst ein konkretes individuelles Schicksal einer ukrainischen Zwangsarbeiterin vorgestellt. Im weiteren Verlauf sind die einzelnen Stationen so konzipiert, dass die Lernenden überprüfen können, ob es sich um ein außergewöhnliches oder typisches Schicksal handelt.

Die didaktische Klammer schafft die Voraussetzung dafür, dass es den Lernenden besser gelingt, die einzelnen Stationen miteinander zu vernetzen, das heißt den inhaltlichen Zusammenhang nicht aus den Augen zu verlieren – eine wichtige Orientierungsfunktion neben dem formalen Gerüst des Stationenpasses. Damit könnte auch schwächeren Schülerinnen und Schülern ein Hilfsmittel an die Hand gegeben werden, das die empirisch belegten Überforderungen durch dieses Lehr-/Lernarrangement (Gautschi 2016, S. 518) vermindert.

Diese didaktische Klammer kann darüber hinaus auch im Verlauf der Stationenarbeit punktuell gewährleistet werden. Dazu ein Beispiel (Adamski 2010): Ein Stationenlernen zu „Abweichendes Verhalten und Widerstand im Nationalsozialismus" enthielt folgende sieben Stationen:

- Lange Haare – heiße Musik. Die Swing-Jugend;
- Zwei katholische Bischöfe melden sich zu Wort;
- Nicht wie die Schafe zur Schlachtbank: Die Herbert-Baum-Gruppe;
- „An Rhein und Ruhr marschieren wir": Die Edelweißpiraten;
- „Wir wollen unsere Männer wiederhaben": Die Frauen in der Berliner Rosenstraße;
- Nichts wie weg: Deserteure;
- Station ohne Titel (Es ging um eine Jugendliche, die kriegsgefangene Russen mit Lebensmitteln und Zigaretten versorgte.).

Als problemorientierter Einstieg wurde den Lernenden ein Tableau von unangepasstem Verhalten während der NS-Zeit vorgelegt (vom Verweigern des Hitler-Grußes über das Hören von „Feindsendern" bis hin zum Verteilen von systemkritischen Flugblättern), das sie daraufhin beurteilen sollten, ob es sich dabei um Widerstand handelt. Die einzelnen Stationen griffen das Problem auf.

Die Klammerfunktion, hier als Zusatzaufgabe formuliert, ermöglichte es den Lernenden, Verknüpfungen zwischen Stationen herzustellen, z.B. indem sie Herkunft und Handeln von Swing-Jugendlichen und Edelweißpiraten (Stationen 1 und 4) oder zwei Gerichtsurteile zu abweichendem Verhalten (Stationen 6 und 7) vergleichen und bewerten sollten. Diese Zusatzaufgaben wurden für die Lernenden so ausgewiesen, dass sie erst zu beantworten wären, wenn eine zweite Station mit herangezogen wird.

Im Übrigen kann ein Stationenlernen neben den grundsätzlichen Möglichkeiten der Wahldifferenzierung nach Schwierigkeitsgrad oder Neigung auch Vertiefungsaufgaben anbieten (= Leistungs- oder Lerntempodifferenzierung), die einen weiteren zentralen Aspekt historischen Lernens in das Zentrum rücken, die Orientierung in der Geschichtskultur. Um in dem Beispiel zu bleiben: Wann und warum wurde der Widerstand der Edelweißpiraten als solcher gewürdigt und nicht länger als kriminell betrachtet; wann wurden Deserteure nicht mehr als „Feiglinge" oder „Landesverräter" betrachtet, sondern ihnen Denkmäler oder Erinnerungszeichen gesetzt?

Der rote Faden, initiiert durch einen problemorientierten Einstieg und ggf. verstärkt durch Zusatzaufgaben, ermöglicht zudem eine didaktisch sinnvolle Bündelung der Ergebnisse für eine gemeinsame Auswertung/Evaluation der gesamten Stationenarbeit. Es ist ja lediglich ein Zwischenschritt, wenn die Lernenden Lösungen für die Aufgaben an den einzelnen Stationen erarbeitet haben und sie diese auch wiedergeben können. Sie haben bis dahin „Inselwissen" erworben. Wichtiger ist der Bezug zur Lernaufgabe insgesamt. Insofern sind Abschlussformate gefragt, die dieses zu leisten vermögen. Das können summative Tests oder Klassenarbeiten sein. Selbst wenn diese mit Auswahlmöglichkeiten verbunden sind, bleiben sie gegenüber zwei Prinzipien der Stationenarbeit kontraproduktiv: handlungsorientiertes und selbstständiges Arbeiten. Andere Abschlussformate von Lernzirkeln sind sinnvoller, weil sie dem eigentlichen Anspruch eher gerecht werden, z. B. Spiele, die aus dem lebensweltlichen Alltag stammen und für historisches Lernen genutzt werden können wie z. B. *TABU* oder *Wer wird Millionär?*.

Wer es weniger aufwendig haben möchte:

- Rätsel und deren Lösung,
- Fragen und Antworten für ein Quiz,
- Aufgabenstellungen und Antworten für einen Test.

Alles wird von den Lernenden für den Gesamtinhalt des Stationenlernens entwickelt – sodass gar kein Test geschrieben werden muss, weil alle drei Varianten bereits die Schülerleistungen abbilden.

Solche Ergebnissicherungen unterstützen ein „selbsterfahrendes, selbst beurteilendes und sozial-kommunikatives" Lernen (Lange 2014, S. 75).

2.3 Binnendifferenzierende Ansätze in Geschichtsbüchern

Innere Differenzierung beim historischen Lernen würde erleichtert, wenn sie in Geschichtsbüchern berücksichtigt würde, weil deren Konzeption auf das Doppelstundenprinzip angewendet werden kann – eine Erleichterung für Lehrkräfte ohnehin, aber auch für Lernende, die nicht ständig mit zusätzlichem „Papierkram" konfrontiert würden.

Auch wenn mit einiger Berechtigung davon gesprochen werden kann, dass „Differenzierungsangebote noch in den allerersten Anfängen" stecken (Sauer 2016, S. 599), muss festgehalten werden, dass nahezu alle oder doch die meisten Geschichtsbücher der neuesten Generation dieser Notwendigkeit Rechnung zu tragen versuchen. Dies geschieht hauptsächlich bei den Aufgaben, die neben Arbeitsaufträgen für alle auch solche enthalten, die Starthilfen (Fördern) und Zusatzaufgaben (Fordern) sowie zuweilen Wahlaufgaben nach Lernzugängen und darüber hinaus eine Lernwegedifferenzierung nach Wahl der Produkte/Präsentationen bieten.

An fünf Beispielen sollen die Ansätze für eine Binnendifferenzierung knapp vorgestellt und eingeschätzt werden:

- *Durchblick Geschichte* (Westermann): Die Aufgaben werden farblich nach leicht, mittel und schwer unterschieden. Außerdem gibt es Zusatzaufgaben für selbstständiges Arbeiten, etwa Rechercheaufträge oder handlungsorientierte Aufgabenstellungen. Eine von ihnen sollen die Schülerinnen und Schüler jeweils bearbeiten. Problematisch ist die Tatsache zu bewerten, dass Materialien (Verfassertexte und Quellenzitate) dermaßen komprimiert sind, dass eigenständige Denkleistungen kaum mehr möglich sind. Mehr als problematisch erscheint die Niveaudifferenzierung entlang der drei Anforderungsbereiche, was dazu führt, dass Sach- und vor allem Werturteile nur von starken Schülerinnen und Schülern erwartet werden. (Hauptschule und Oberschule)
- *Denk/mal Geschichte* (Schroedel) folgt dem Prinzip der „nachsteuernden" bzw. „nachgehenden" Differenzierung (Boensch) auf zwei Niveaus. Das heißt, in der Erarbeitungsphase gibt es neben Aufgaben für alle solche, die als leichtere mit einer Starthilfe versehen, und andere, die als anspruchsvoll markiert sind. Mit ihnen soll das Fundamentum gesichert werden. Darüber hinaus werden zwei Varianten von Zusatzseiten angeboten: Die eine ermöglicht eine Vertiefung auf höherem Niveau (Fordern) einerseits, andererseits eine Veranschaulichung des Kerns/des Fundamentums (Fördern). Die zweite Variante stellt Zusatzthemen zu den Kerninhalten bereit. Aus meiner Sicht ein überzeugender Versuch der Ausschöpfung von diversen Differenzierungsansätzen, besonders hinsichtlich der durchgängigen Berücksichtigung unterschiedlicher Materialien und/oder Zugänge, der im Übrigen auch für die Überprüfung der Kompetenzen nach jeweils größeren Unterrichtseinheiten gilt (dort auf drei Niveaustufen). (Realschule, Integrierte Gesamtschule)
- *Geschichte Real* (Cornelsen): Für jede Unterrichtssequenz wird zunächst auf zwei Seiten das Fundamentum mit zwar nicht differenzierten, aber kleinschrittigen Aufgaben zu sichern versucht. Hinzu kommen jeweils zwei Wahlaufgaben. Der eigentliche Differenzierungsansatz besteht aus „Fächeraufgaben" (Wahlseiten) für eine Unterrichtseinheit. Bsp. Jungsteinzeit: Landwirtschaft; Werkzeuge und Waffen; Tongefäße für die Vorräte; Spinnen und Weben; ein Dach über dem Kopf; Rätsel und Geheimnisse. Die Lernenden erhalten für die Wahlseiten ein „Gerüst" (Scaffholding), das heißt Hin-

weise zur Themenauswahl, zur Sozialform, zur Erarbeitung und zu Präsentationsmöglichkeiten. (Realschule, Integrierte Gesamtschule)

- *Forum Geschichte* (Cornelsen): Es gibt zwei Differenzierungsangebote: Innerhalb des Aufgabensets für die einzelnen Teile einer Unterrichtseinheit gibt es eine Wahlaufgabe, bei der z. B. unterschiedliche Lernzugänge (Text oder Bild) oder verschiedene Anforderungen an Quellenarbeit nachgefragt werden. So sollen Lernende bspw. anhand des Bordbuchs des Kolumbus entweder nach Hinweisen suchen, die beweisen, dass es für die Auftraggeber bestimmt war oder begründen, ob es sich bei dem Bordbuch eher um einen Bericht, ein Protokoll oder eine Erlebniserzählung handelt. Der zweite Differenzierungsansatz ist umfassender. Es geht um Wahlaufgaben zu einem Thema, die sich durch die Materialgrundlage unterscheiden: Textquellen, visuelle Quellen oder Darstellungen, gegenständliche Quellen (im Buch natürlich in bildlicher Form), wissenschaftliche Darstellungen. Ein eher bemühter Versuch, weil er viele Alternativen für Binnendifferenzierung ausblendet. (Gymnasium und Integrierte Gesamtschule).
- *Geschichte und Geschehen* (Klett): Es entfaltet eine breite Palette von Aufgabendifferenzierung nach Leistungsniveau (nach Anforderungsbereichen gestaffelte Aufgabensets); Zusatzaufgaben, die in der Regel für schnellere und leistungsstärkere Lerner gedacht sind (Forderung); Tippkarten (Denkanstöße) in der Form von Starthilfen, Schlüsselbegriffen, grafischen Vorschlägen oder anderen Hinweisen zu Lösungswegen als Förderung (sie befinden sich im Anhang des Buches, nicht innerhalb des Aufgabensets, was vermutlich schnellere oder bessere Lerner eher weniger dazu „verführt", sofort auf leichtere Lernanforderungen zurückzugreifen). Darüber hinaus gibt es in jedem Kapitel eine Differenzierung nach Lernwegen, was bedeutet, dass die Schülerinnen und Schüler z. B. die Wahl haben, als Lernprodukt entweder einen Zeitungsartikel oder eine visuelle Darstellung oder eine Rede zu präsentieren. Ein gut durchdachtes, komplexes, dennoch sehr praxistaugliches Konzept. (Gymnasium, Integrierte Gesamtschule).

Es ist schwer einzuschätzen, wie und wann solche Hilfen für binnendifferenziertes historisches Lernen unterrichtswirksam werden können:

- Im gymnasialen Bereich hat die Entwicklung binnendifferenzierender Geschichtsbücher gerade erst *begonnen*, was bedeutet, dass diese Unterrichtswerke erst im Laufe der Zeit die gesamte Chronologie des Geschichtsunterrichts vom Anfangsunterricht bis zum Abschluss in der 10. Klasse abbilden können.
- Eine völlig andere – aber sehr praxisrelevante – Frage ist darüber hinaus, ob oder wann Geschichtsfachschaften in welcher Schulform auch immer in der Lage sind, sich neue binnendifferenzierende Geschichtsbücher leisten zu können – ein Ressourcenproblem.

Insofern macht es Sinn, sich der breiten Palette von Methoden und Instrumenten einer Binnendifferenzierung historischen Lernens zuzuwenden, die mit Blick auf das Doppelstundenprinzip realisierbar ist – mit oder ohne Hilfe des Geschichtsbuchs oder anderer Materialangebote.

Dies scheint auch deshalb geboten, weil ein gründlicheres Nachdenken über das *didaktische Potenzial* von Differenzierungsmaßnahmen einen vorschnellen Rückgriff auf methodische Angebote relativieren könnte.

3 Methoden und Instrumente eines binnendifferenzierten Geschichtsunterrichts

Ein Geschichtsunterricht, der den Prämissen einer Inneren Differenzierung folgt, kann auf eine Reihe erprobter Varianten methodischer Art zurückgreifen, die verhindern können, dass Binnendifferenzierung als Ablauf immer gleicher Routinen auf Seiten der Lehrenden und Lernenden wahrgenommen wird. Diese Varianz bezieht sich einerseits auf den Ansatzpunkt, andererseits auf den zeitlichen Umfang von binnendifferenzierenden Maßnahmen.

3.1 Aufgabendifferenzierung

Aufgaben – dies gilt für alle Fächer – sind entscheidende Faktoren für gelingende Lernprozesse. Sie sind der Schlüssel für die Bewältigung fachlicher Anforderungen, die ein Unterrichtsthema stellt, um Lösungen für Probleme zu finden – der Kerngedanke der Kompetenzorientierung.

Ihre Konstruktion bedarf bestimmter Kriterien, um anspruchsvolle und persönlich befriedigende Leistungen hervorbringen zu können:

- sie sollten konsequent kompetenzorientiert formuliert sein;
- eine Problemorientierung ausweisen;
- relativ offen formuliert werden, um komplexe Denkprozesse anzuregen;
- motivierend wirken;
- Operatoren enthalten, um zielgerichtetes Schülerhandeln zu ermöglichen;
- Lernprodukte als Ergebnis nennen und
- (ggf.) zu Kooperation anregen.

Unter geschichtsdidaktischen Aspekten wäre zu konkretisieren, dass die Güte von Aufgaben sich besonders daran messen lässt,

- dass sie von einer historischen Frage als Lernimpuls ausgehen;
- ein historisches Sach- und/oder Werturteil als Lernziel anstreben und
- in ein Produkt münden, das Narrativität als Metakompetenz historischen Denkens und Lernens spiegelt, also narrative Kompetenz diagnostizieren lässt (Heuer 2011, Thünemann 2013, Brauch 2014).

Mit Blick auf binnendifferenzierte Lehr-/Lernarrangements sind solche Kriterien ergänzungsbedürftig. Als Problem formuliert: „Wie können wir eine Aufgabe so stellen, dass alle Schülerinnen und Schüler sie so bewältigen und dabei zu individuell guten Leistungen gelangen können?" (von der Groeben/Kaiser 2012, S. 45)

Reduziert man den Euphemismus „alle" auf „möglichst viele", bleiben eine Vielzahl von Herausforderungen.

3.1.1 Aufgaben – Aufgabenformate – Aufgabenstellungen – Aufgabentypen

Es macht Sinn, mit einer begrifflichen Klärung zu beginnen, damit deutlich wird, was jenseits aller individuellen Bedeutungszuweisungen im folgenden Kapitel gemeint ist, wenn von Aufgaben, Aufgabenformaten, Aufgabenstellungen und Aufgabentypen gesprochen wird.

Aufgaben

In der Geschichtsdidaktik ist unstrittig, dass (Lern-)Aufgaben einen Makroprozess historischen Lernens beschreiben, also ein mehr oder weniger langes Unterrichtsvorhaben (z. B. eine Unterrichtseinheit), das mit einer historischen Frage beginnt und mit einem Sach- und ggf. Werturteil endet. Problemorientierte Beispiele:

- Die Französische Revolution: Freiheit und Gleichheit für alle?;
- Warum England? Der Beginn der Industriellen Revolution.

Dies ist kein Dogma. Es gibt auch sinnvolle zeitlich begrenzte Aufgaben, die dennoch in der Regel eine Doppelstunde sprengen:

- Die Stalinnote 1952: Eine verpasste Chance zur Wiedervereinigung?;
- Januar 1933: Machtergreifung? – Machtübertragung? – Machterschleichung?

Aufgabenformate

Hierunter ist zu verstehen, wie die Grundstruktur der Lernaufgabe beschaffen ist. Welche und wie viele Impulse werden den Lernenden vorgegeben? Dabei kann es sich um grundlegende Materialien (Auszüge aus Quellen, Darstellungen, andere Medien) handeln sowie um deren Kombination (z. B. Textquellen, visuelle Materialien) und Anzahl gehen. Das Aufgabenformat ist darüber hinaus davon bestimmt, wie strukturiert oder offen die Lernaufgabe von den Schülerinnen und Schülern angegangen/bewältigt werden soll. Eine weitgehende Strukturierung würde z. B. klare Hinweise auf die zu bearbeitenden Materialien etwa aus dem entsprechenden Geschichtsbuchkapitel oder den bereitgestellten Arbeitsblättern beinhalten und demzufolge eindeutige Lernwege vorgeben. Ein offenes Aufgabenformat könnte sich auf einen Kernimpuls beschränken, der die Lernaufgabe problemorientiert aufschließt, um anschließend selbstständigere Lernwege anzuregen, die auch zu weiteren Recherchen – sei es im Netz, sei es aus einem Materialpool (Büchertisch) – auffordert. Letztlich beinhaltet das Aufgabenformat auch die Orientierung auf das Produkt des Lernens. Wie soll die Lernaufgabe abgeschlossen werden: durch eine Diskussion, durch einen Schreibauftrag, durch ein Rollenspiel, eine Wandzeitung – oder werden Wahlmöglichkeiten gegeben?

Aufgabenstellungen

Sie beschreiben den Mikroprozess historischen Lernens. Es geht sozusagen um das Durchbuchstabieren der Lernaufgabe und die Aufteilung des Aufgabenformats in einzelne Schritte. Vielfach werden die Begriffe *Aufgabenstellung/Arbeitsauftrag* synonym verwendet. Dieser Mikroprozess hat eine zentrale Stellung im Unterrichtsalltag. Nach allen Ergebnissen der empirischen Unterrichtsforschung zum Geschichtsunterricht lässt sich als Gewissheit festhalten, dass ca. 80 Prozent der Geschichtsstunden in Einzel- bzw. Doppelstunden ablaufen, die im Kern stark lehrergesteuert sind. Das muss nicht bedeuten, dass Phasen kooperativen Lernens (Partner- und Gruppenarbeit) einbezogen werden, in denen in besonderem Maße schülerorientiertes Lernen erfolgt und fachdidaktisch betrachtet der Raum für intensiveres Arbeiten an Sinnkonstruktionen gegeben ist – dem Kerngedanken historischen Denkens und Lernens. Insofern sind Aufgabenstellungen ein zentrales Scharnier für die Bearbeitung der Lernaufgabe in ihrer Verknüpfung mit dem Aufgabenformat.

Unter Aspekten der Binnendifferenzierung haben Aufgabenstellungen angesichts des geschilderten schulischen „Normalfalls" eine überragende Bedeutung: Es geht darum, Lehrkräften Methoden und Instrumente vorzustellen, die Innere Differenzierung mit vertretbarem Aufwand bewältigen lassen.

Aufgabentypen

Sie lassen sich unterscheiden nach geschlossenen, halboffenen und offenen Aufgabenstellungen, die zuweilen auch als durchstrukturiert, anstrukturiert und offen klassifiziert werden. Die beiden Varianten sind zwar nicht völlig deckungsgleich, ihre Unterschiede sind allerdings so marginal, dass sie unterrichtspraktisch nicht ins Gewicht fallen.

Geschlossen/durchstrukturiert ist ein Arbeitsauftrag dann, wenn er nur eine richtige Lösung zulässt. Das klassische Beispiel sind Multiple-Choice-Aufgaben. Sie sind kleinschrittig angelegt und verlangen eine Entscheidung zwischen zwei oder mehreren Auswahlmöglichkeiten. Bezogen auf historisches Lernen ermöglichen sie die Überprüfung überschaubarer Fähigkeiten im negativen wie positiven Sinne.

- Negativ: Es geht um punktuelle fachliche Kenntnisse, die überdies einem gewissen Rategeschick unterliegen können.
- Positiv: Lernende haben ein festes Gerüst, an dem sie ihre Kenntnisse überprüfen können.

Halboffene/anstrukturierte Arbeitsaufträge sind etwas komplexer angelegt, weil sie Schülerinnen und Schülern abverlangen, Entscheidungen zu treffen, was historisch relevant ist. Wenn z. B. am Ende einer (Lern-)Aufgabe zum Thema *Grundherrschaft* dazu aufgefordert wird, drei wesentliche Merkmale zu benennen, sind sie gehalten, aus dem Gesamt ihrer Kenntnisse abzuwägen, was wichtig ist, um dieses Abhängigkeitsverhältnis von Freien und Unfreien in der mittelalterlichen

Gesellschaft zu kennzeichnen. In der geschlossenen Form hätten sie demgegenüber aus z. B. sechs Vorgaben die richtigen anzukreuzen.

Offene Aufgaben sind sicherlich am ehesten geeignet, historische Denk- und Lernprozesse zu evaluieren/diagnostizieren, weil sie ausgehend von einem komplexen Problem Lernende auffordern, triftige Lösungen zu entwickeln und zu begründen. Um bei dem Beispiel zu bleiben, ließe sich etwa folgende problemorientierte Aufgabenstellung formulieren: „Bauer Kunibert hat sich freiwillig in die Grundherrschaft begeben – und findet das gut. Nehmt Stellung zu seiner Entscheidung!" In diesem Fall müssten die Lernenden ihre Kenntnisse über die Grundherrschaft rekonstruieren und mit dem konkreten Problem verknüpfen, um zu einem plausibel begründeten Sachurteil, ggf. Werturteil zu gelangen.

3.1.2 Ausgangspunkt und Ziele einer Aufgabendifferenzierung

Unabhängig davon, ob eine länger- oder mittelfristige Lernaufgabe gelöst oder Aufgabenstellungen für eine Doppelstunde entwickelt werden, ist für historisches Lernen entscheidend, mit welchem *Kernimpuls* ein Lernprozess in Gang gesetzt wird. Er muss so angelegt sein, dass er Lernende motiviert und zugleich herausfordert. Außerdem sollte er Voraussetzungen für binnendifferenziertes Arbeiten schaffen. Anders formuliert: Der Kernimpuls sollte möglichst viele so „berühren", dass er vielfältige Interessen anspricht und eine Reihe von Fragen aufwirft. Für den Geschichtsunterricht sind visuelle Impulse sicherlich für die meisten Lernenden ansprechender als schriftliche Quellen oder Auszüge aus Darstellungen von Historikerinnen und Historikern, was aber nicht als generelles Verdikt verstanden werden sollte. Drei Beispiele:

- Ein Foto aus dem Jahre 1936 zeigt Arbeiter und Angestellte der Werft Blohm und Voss, die am Stapellauf eines Schiffes teilnehmen (s. Abb. 4, S. 48). Welche Rückschlüsse lässt es auf die Situation in Deutschland vier Jahre nach dem Machtantritt der Nationalsozialisten zu? In einer unbearbeiteten Fassung präsentiert, würde den Lernenden in einer ersten Brainstormingphase vermutlich nur auffallen, dass alle Beteiligten den Arm zum „Hitlergruß" erhoben haben. Erst die Bearbeitung, die auch erst in einem zweiten Schritt eingeblendet werden könnte, macht deutlich, dass ein einziger den Gruß verweigert. Beides, die massenhafte Zustimmung und die vereinzelte Weigerung, wirft eine Reihe von Fragen auf, u. a. die nach Repräsentativität oder Ausnahme, die nunmehr gesammelt und zur Bearbeitung gestellt werden können. Es wird eine heuristische Suchbewegung angestoßen, die in offenerer oder strukturierterer Form von Aufgabenstellungen auf eine Problemlösung zielt.
- Möglicherweise ließe sich der Kernimpuls noch besser in historische Fragen auflösen, wenn er kontrastiv angelegt ist wie die beiden Plakate zum Marshall-Plan (s. Abb. 5). Innerhalb einer Unterrichtseinheit zur Entstehung des Ost-West-Konflikts oder zur Entstehung zweier deutscher Staaten werden be-

Abb. 4: „Hitlergruß" (aus: Das waren Zeiten 3, Ausgabe Thüringen, 2015, S. 121)

Abb. 5: Für und gegen den Marshallplan (aus: Das waren Zeiten 3, Ausgabe Thüringen, 2015, S. 188)

zogen auf eine wichtige historische Weichenstellung eine Reihe von Fragen aufgeworfen, u. a. die, weshalb er einerseits von wem warum abgelehnt, andererseits freudig begrüßt wird.

- Der Kernimpuls kann, das wurde ja nicht gänzlich verworfen, auch über schriftliche Äußerungen ausgelöst werden, sollte dann aber auf längere Textpassagen verzichten, sondern sich gewissermaßen auf Schlagzeilen z. B. zu historischen Kontroversen beschränken, die auf einen schnellen Blick unterschiedliche Meinungen erkennen lassen, sei es über Ursachen des Ersten Weltkrieges, die Bedeutung von „1968" oder die Folgen des Mauerbaus – um nur wenige Themen aus der Vielfalt der Möglichkeiten zu benennen.

Alle drei Beispiele sollten verdeutlichen, dass der Kernimpuls einen niedrigschwelligen motivierenden Zugang für möglichst viele Schülerinnen und Schüler für die Entwicklung von Fragestellungen anbieten soll. Nur dann schafft er die Basis für vielfältiges differenziertes Lernen. Peter Gallin spricht von einer „Rampe", von der aus die Lernenden aufsteigen können. „Welche Wege die Einzelnen gehen und wie weit sie nach oben gelangen, kann von der Lehrperson nicht vorgeschrieben werden; ihre Aufgabe besteht darin, die individuell erreichbare Bestleistung zu ermöglichen und einzufordern." (zit. nach von der Groeben/Kaiser 2012, S. 45)

Das Ziel einer Aufgabendifferenzierung wie der Binnendifferenzierung generell besteht darin, dass möglichst viele Lernende das Fundamentum der jeweiligen Lernaufgabe erreichen können, also das zentrale Lernziel einer Unterrichtseinheit oder eines Abschnittes daraus. Kompetenzorientiert ließe sich von einem zu erfüllenden Mindeststandard reden. Die Konstruktion von Aufgaben und Aufgabenstellungen muss folglich konsequent diesen Zielvorstellungen folgen. Dieser Hinweis scheint banal, ist aber bezogen auf existierende Differenzierungsversuche – z. B. in einigen Geschichtsbüchern (Kap. 2) – offenkundig notwendig. Diese folgen häufig der Unterscheidung nach Anforderungsbereichen, wie sie in den *Einheitlichen Prüfungsanforderungen* (*EPAs* in der aktuell gültigen Fassung von 2005) festgelegt worden sind. In diesen Anforderungsbereichen geht es um die Reproduktion historischen Wissens (AFB I), um Reorganisation und Transfer (AFB II) und schließlich um historische Reflexion und Problemlösung (AFB III). Des Weiteren zeigt sich die Qualität einer Kompetenz in der sinnbildenden Darstellung von Geschichte – nämlich als narrative Kompetenz. Übernimmt man diese Anforderungsbereiche als Differenzierungsgrundlage, hätte dies fatale Konsequenzen. Plakativ gewendet: Gute und sehr gute Schülerinnen und Schüler – also Gymnasiasten – wären diejenigen, die begründete Werturteile über vergangenes Geschehen und reflektierte Einschätzungen zum Konstruktionscharakter von Geschichte abgeben können, Realschüler(innen) u.U. noch mehr oder weniger triftig belegte Sachurteile. Hauptschüler wären vielleicht noch in der Lage, Historisches punktuell zu analysieren, es ansonsten lediglich beschreiben zu können.

Dies ist nicht der Ansatz, der hier vertreten wird, und er sollte es auch nicht sein, wenn es darum geht – um an dieser Stelle an die traditionelle pädagogische wie bildungspolitische Vorstellung von gleichem Zugang zu *Bildung* zu erinnern – Chancengleichheit für alle (für möglichst viele) zu ermöglichen. Fundamentum/ Mindeststandard bedeutet, dass *innerhalb* der Anforderungsbereiche und Kompetenzen differenziert wird. Es geht demzufolge darum, dass möglichst viele Lernende nicht nur imstande sind, Vergangenes zu rekonstruieren, sondern auch zu triftig begründeten Sach- und Werturteilen zu gelangen, z. B.:

- ob die Attische Polis eine Wiege für die europäische Demokratie war,
- ob Martin Luther ein Verbündeter der Bauern im Kampf gegen die Obrigkeiten war,
- ob die vielen Väter und wenigen Mütter des Grundgesetzes Lehren aus der Verfassung der Weimarer Republik gezogen haben und wie diese zu bewerten sind.

Dass solche Urteile komplexer oder punktueller ausfallen, ohne oder mit Hilfen erreicht werden, ist eindeutig – aber Kernziel von binnendifferenzierenden Aufgaben und Aufgabenstellungen.

3.1.3 Varianten der Aufgabendifferenzierung

Um solche Mindeststandards erreichen zu können, sind diverse Varianten von Aufgaben, Aufgabenstellungen und Aufgabentypen möglich, die in den folgenden Kapiteln vorgestellt werden. Sie unterscheiden sich im Wesentlichen dadurch, welcher zeitliche Umfang für einen Lernprozess vorgegeben ist und inwiefern Schülerinnen und Schüler in der Lage sind, selbstständig zu arbeiten.

Fortgeschrittene Differenzierung: Fächer- und Blütenaufgaben

Fächer- und Blütenaufgaben sind eine weitreichende Antwort auf unterschiedliche Motivationen, Lernwege, Arbeitstempo und Leistungsansprüche in heterogenen Lerngruppen, indem sie mehr als drei Differenzierungsangebote machen. Somit beschreiten sie einen konsequenten Weg zur Individualisierung des Lernens. Sie setzen freilich voraus, dass Lernende geübt sind bzw. Schritt für Schritt dazu hingeführt werden, über einen längeren Zeitraum, der jedenfalls in der Regel eine Doppelstunde deutlich überschreitet, eigenständig zu arbeiten, häufig in kooperativen Lernformen.

Beiden Lernaufgaben ist gemeinsam, dass sie von einem Kernimpuls ausgehen, der auf der Basis eines gewissen Vorwissens Fragen aufwirft und Ideen zur Lösung von Problemen entwickelt. Im Gegensatz zu vielen anderen Fächern kann ein solches Vorwissen im Fach Geschichte nicht aus der Lebenswelt der Schülerinnen und Schüler stammen – wie dies etwa in Biologie oder Sozialkunde möglich wäre, sondern aus einem zuvor im Unterricht erarbeiteten historischen Fachwissen. Dies muss nicht bedeuten, dass es keine geschichtlichen Themen gäbe, die nicht an lebensweltliche Erfahrungen der Lernenden anknüpfen – zu erwähnen wäre beispielsweise die römische „familia" oder die Schule im deutschen Kaiserreich. Solche Gegenwartsbezüge werden aber im Lernprozess zu Erfahrungen von Alterität, wodurch das Verhältnis von Vergangenheit und Gegenwart ausdifferenziert wird, um vorschnelle Analogien zu verhindern.

„Fächer" und „Blüten" bedürfen einer wohlüberlegten Aufgabenkonstruktion und eines gut strukturierten Lehr-/Lernarrangements:

- Wie viele Wahlangebote sollen gemacht werden? Einerseits erhöhen viele Angebote Auswahlmöglichkeiten und treffen vermutlich besser als wenige die unterschiedlichen Voraussetzungen der Lernenden; andererseits könnte eine zu große Anzahl angesichts diverser Entscheidungsoptionen auch überfordern. Wenn Schülerinnen und Schüler zum ersten Mal mit einer solchen Aufgabe konfrontiert werden, sollten nicht mehr als vier Fächer oder Blüten angeboten werden, also nur eine geringe Erweiterung des gewohnten Differenzierungsangebots. Dies lässt sich nach einer Eingewöhnungsphase ausweiten.
- Wie kann verhindert werden, dass die einzelnen Angebote zu weit auseinandergehen? Dies betrifft zum einen den zeitlichen Rahmen ihrer Bearbeitung (sind manche sehr rasch, andere erheblich aufwendiger zu bearbeiten?); bleiben sie eng am Kernimpuls angebunden und damit auf das Ziel fokussiert oder zerfasern sie gewissermaßen in einzelne Aspekte der Ausgangslage?
- Wie können individuelle Erweiterungen bzw. Vertiefungen auf unterschiedlichen Lernwegen so strukturiert werden, dass sie erstens in einen für alle verbindlichen Zeitplan passen und, mindestens ebenso wichtig, in einer Auswertungsphase, die in der Regel im Plenum stattfindet, wieder an die Lernaufgabe rückgebunden werden. Es kann ja nicht der Sinn der Differenzierungsangebote sein, dass in der Auswertung/Evaluation einige Wahlangebote unberücksichtigt bleiben. Kooperative Lernarrangements wie etwa Galeriegang/Marktplatz, leisten an dieser Stelle ein mittlerweile erprobtes methodisches Setting.

Die Unterschiede zwischen beiden Formaten betreffen Leistungsanforderungen inhaltlicher Art und der Entwicklung von Kompetenzniveaus sowie das Verhältnis von Fundamentum/Mindeststandard und Additum/erweiterter Standard. Der „Fächer", das ist jedenfalls der Anspruch, differenziert nach Lernwegen und Lernhilfen, die allesamt so angelegt sind, dass möglichst viele Lernende das Fundamentum erreichen, also die vorgegebene Ausgangsproblematik lösen können. Die „Blüte" basiert ebenfalls darauf, einen Mindeststandard an Kompetenzen zu erreichen, stellt aber darüber hinaus Aufgaben zur Wahl, die inhaltlich anspruchsvoller sind und weitergehende Kompetenzen bzw. Teile von ihnen entwickeln wollen. Sie sind folglich geeignet, motivierteren und/oder leistungsstärkeren Schülerinnen und Schülern Gelegenheit zu geben, individuell anspruchsvolle Leistungen zu erbringen. Da die zur Wahl gestellten Aufgaben aber nicht explizit als leichter oder anspruchsvoller gekennzeichnet sind, bietet die Blütenaufgabe auch die Chance, dass Lernende ihre Fähigkeiten ausprobieren können, sich herausgefordert fühlen, ein interessantes Angebot zu bewältigen. Selbst ein Scheitern kann in einer Lernsituation – in der es nicht um Benotung einer Leistung geht – zu für den weiteren Lernprozess wichtigen Gesprächen mit Lernpartnern und der Lehrkraft führen.

B

Beispiel 1: Die neolithische Revolution im Anfangsunterricht Geschichte

Unterrichtlicher Kontext: Die Lerngruppe hat zuvor die Lebensweise in der Altsteinzeit erarbeitet und entsprechendes Vorwissen erworben. In der Regel, das heißt in den meisten Geschichtsbüchern, werden als Materialien u. a. Rekonstruktionszeichnungen angeboten, sodass das Medium für den Kernimpuls vertraut ist.

1. Fächeraufgabe

Kernimpuls: Wie die Zeiten sich ändern?!

Abb. 6: Jungsteinzeitliches Dorf (Rekonstruktionszeichnung) (aus: Geschichte und Geschehen 1, Ausgabe Niedersachsen, 2015, S. 49)

Aufgabe:

Du kennst die Lebensweise in der Altsteinzeit. Vergleiche nunmehr mit der Jungsteinzeit: Haben sich die Zeiten geändert? Kaum – ein wenig – gründlich? Wähle eine von den folgenden Aufgaben aus und ziehe zur Bearbeitung – wenn nötig – das Schulbuchkapitel heran. Wenn du schnell fertig wirst, kannst du auch eine zweite Wahlaufgabe bearbeiten.

Wahlaufgaben:

1. Fasse in Stichworten die wichtigsten Merkmale der neuen Lebensweise zusammen und erläutere diese.
2. Lege eine Tabelle an zum Vergleich der Lebensweisen in der Alt- und Jungsteinzeit.
3. Vergleiche die Bereiche Ernährung, Wohnen, Arbeiten, Kleidung und Tiere in Alt- und Jungsteinzeit.
4. Füge in die Rekonstruktionszeichnung (für dein Heft kopieren) Marker ein, die Unterschiede zwischen den Lebensweisen in der Alt- und Jungsteinzeit kennzeichnen und erläutere sie.
5. Ein Jäger der Altsteinzeit berichtet von seinen Eindrücken nach einem Besuch in einem jungsteinzeitlichen Dorf. Hilfe: Was ihr nicht glauben werdet ...
6. Stelle Schlagzeilen für einen Zeitungsbericht nebeneinander, aus denen die Veränderungen zwischen Alt- und Jungsteinzeit deutlich werden.
7. Erstelle einen Lückentext, der die Veränderungen zwischen Alt- und Jungsteinzeit deutlich macht. Hilfe: In der Altsteinzeit wohnten die Menschen in Zelten und Höhlen, in der Jungsteinzeit in ... und ...
8. Schreibe eine „Lügengeschichte" zu den Veränderungen der Lebensweise. Hilfe: In der Jungsteinzeit gab es dieselben Tiere wie zuvor, sie sahen nur anders aus ...

Kommentar:

Die Wahlaufgabe verfolgt das Ziel, dass möglichst viele Lernende die Veränderungen von der Alt- zur Jungsteinzeit herausarbeiten können (Analysekompetenz) – das Fundamentum. Die Aufgabenstellungen sind aus den Schulbüchern bekannt (1, 2), bieten eine zusätzliche Hilfe an (3) oder eröffnen andere Lernwege (7, 8), die angeboten werden können, wenn sie zuvor schon geübt worden sind. Mit den Aufgabenstellungen 5 und 8 sind zugleich kreativere und für historisches Lernen zentrale Kompetenzen anvisiert, die narrative Fähigkeiten überprüfbar machen.

In der Auswertungs-/Evaluationsphase können Gruppen gebildet werden, sodass alle Lernwege ein (begrenztes Plenum) finden. Im abschließenden Plenum wird die Frage zu problematisieren sein, inwiefern es sich um eine mehr oder weniger grundsätzliche Veränderung der Lebensweise handelt, was dann auch erlaubt, den Fachbegriff Neolithische Revolution einzubringen.

2. Blütenaufgabe

Kernimpuls: identische Rekonstruktionszeichnung, ergänzt um einen Auszug aus einem Jugendbuch

Das Jugendbuch erzählt von zwei Kindern aus der Steinzeit: „Das Mädchen Mirtani lebt in einem Dorf, der Junge Dilgo bei den Waldmenschen. Als er im Sommer den Wald durchstreift, begegnet er Mirtani. Sie treffen sich häufiger und lernen ihre unterschiedlichen Lebensweisen kennen. Zuweilen geraten sie in Streit, z. B. als Dilgo eine durch eine Falle schwer verletzte Wölfin töten muss und Mirtani sagt:

‚Aber wir müssen uns doch gegen die Wölfe wehren. Wir müssen sie doch ausrotten.' ‚Ausrotten?', schrie Dilgo. Er packte Mirtani an den Schultern und schüttelte sie heftig. ‚Ausrotten? Heißt das, dass ihr alle Wölfe hier im Wald auf diese niederträchtige Weise umbringen wollt?' Mirtani wand sich unter seinem Griff. Was fiel Dilgo eigentlich ein, so mit ihr umzuspringen! ‚Ja, das heißt es! Die Wölfe reißen unsere Ziegen und Kälber! Wir lassen uns doch unsere Tiere nicht von den Wölfen auffressen!'
Dilgo ließ sie los. Er schrie jetzt nicht mehr, seine Stimme war ganz kalt und voller Hass: ‚Eure Tiere! Es gibt keine Tiere, die euch gehören! Tiere gehören nicht den Menschen. Tiere gehören sich selbst. Aber davon habt ihr ja keine Ahnung!'
‚Du hast keine Ahnung!' Nun konnte sich Mirtani nicht mehr halten. ‚Du hast ja keine Ahnung davon, wie viel Mühe es macht, die Rinder und Ziegen zu hüten und zu schützen und ihre Pferche zu bauen und dafür zu sorgen, dass sie im Winter genug zu fressen haben. Das ganze Laub, das dafür gesammelt werden muss! Und dann kommt so ein Rudel Wölfe und frisst uns unsere Tiere weg! Unsere Tiere, jawohl! Aber von denen verstehst du ja nichts!'"

(Gabriele Beyerlein/Herbert Lorenz: Die Sonne bleibt nicht stehen. Arena Verlag Würzburg. 1988, S.106ff.)

Aufgabe:
Du kennst die Lebensweise in der Altsteinzeit. Vergleiche nunmehr mit der Jungsteinzeit: Was hat sich geändert und wie sind die Veränderungen zu beurteilen? Beziehe bei der Bearbeitung – falls nötig – das Schulbuchkapitel mit ein. Wenn du schnell fertig wirst, kannst du auch eine zweite Wahlaufgabe bearbeiten.

Wahlaufgaben:
Vergleiche die Lebensweisen in Alt- und Jungsteinzeit mithilfe einer Tabelle. Formuliere abschließend einen Satz, aus dem hervorgeht, ob du die Veränderungen als bedeutsam ansiehst (Begründung nicht vergessen).

1. Erläutere, welche Bedeutung die Geräte in der Rekonstruktionszeichnung für das Leben in der Jungsteinzeit gehabt haben.
2. Ist das Leben in der Jungsteinzeit einfacher geworden? Stelle Pro und Kontra gegenüber.
3. Erzähle die Geschichte weiter oder denke dir eine andere Szene aus, in der sich Mirtani oder Dilgo über das Leben der anderen wundern.
4. Recherchiere und stelle zusammen, aufgrund welcher Funde Forscher zu Erkenntnissen über die Jungsteinzeit gekommen sind.
5. Ging es den Frauen in der Jungsteinzeit besser? Formuliere, was dagegen oder dafür spricht und begründe dein Urteil.
6. Zeichne einen kleinen Comic, der Szenen der Begegnung von Menschen aus beiden Zeiten enthält.
7. Recherchiere und berichte, ob es heute noch „Steinzeitmenschen" gibt. Vergleiche ein Beispiel mit der historischen Situation.

Kommentar:
Vergleicht man die Wahlaufgaben von „Fächer“ und „Blüte“, wird deutlich, dass in der zweiten Variante das Fundamentum auch darin besteht, Merkmale der neuen Lebensweise herauszuarbeiten (Analysekompetenz) und die Gesamtentwicklung zu bewerten (Urteilskompetenz). Explizit wird dies in den ersten beiden Wahlaufgaben.
Bei der Blütenaufgabe, die ja nicht als Fortsetzung, sondern als Alternative zur Fächeraufgabe zu verstehen ist, sind die übrigen Wahlaufgaben so angelegt, dass eine triftige Lösung implizit das Fundamentum voraussetzt. Davon ausgehend, sind Aufgaben formuliert, die anspruchsvollere Kompetenzniveaus anstreben (differenziertere Sachurteile oder, wie im Fall der Beurteilung der Rolle der Frauen, Werturteile). Die beiden Rechercheaufgaben (Forschung; Gegenwartsbezug) lassen sich in der Regel auch deswegen schon im Anfangsunterricht bearbeiten, weil in den meisten Geschichtsbüchern im entsprechenden Kapitel inhaltliche Anregungen und methodische Hilfen gegeben werden. Die beiden kreativsten Aufgaben (Erzählen und Zeichnen) lassen schließlich Rückschlüsse auf die narrative Kompetenz der Lernenden zu.

Beispiel 2: Das Prinzipat des Augustus (Sekundarstufe I)

Unterrichtlicher Kontext: Zuvor ist der Weg Caesars zur Alleinherrschaft erarbeitet worden, der in seiner Ermordung durch einige römische Senatoren endete. Tacitus kritisiert die Politik des Augustus in scharfer Form, sodass sich folgende Kernaufgabe als Leitimpuls anbietet.

1. Fächeraufgabe
Kernimpuls: Warum wurde Augustus eigentlich nicht ermordet?!

Der römische Geschichtsschreiber Tacitus lebte von 55 bis 120 n. Chr. In seinen Annalen („Jahrbüchern“) gab er u. a. zeitgenössische Urteile über Augustus wieder.
„Dagegen sagten die anderen: Die Anhänglichkeit gegen seinen Vater (= Caesar) und die allgemeine Lage habe er bloß zum Vorwand genommen. Im Grunde sei es Herrschsucht gewesen, wenn er als junger Mensch ohne Amt die Veteranen (= altgediente Soldaten) durch freigiebige Spenden an sich zog, ein Heer warb, die Legionen des Konsuls bestach [...] Er habe vom Senat das Konsulat erzwungen und das Heer [...] gegen den Staat geführt [...] Dann ist allerdings Friede geworden, aber ein Blutiger: Lollius und Varus sind geschlagen, in Rom sind Varro, Egnatius und Julius hingerichtet worden [...] Für die Götterverehrung hat er keinen Raum mehr gelassen. Er wollte selber Tempel haben und von [...] Priestern als Gott angebetet werden.“

(Tacitus: Annalen 1, 10. Zit. nach: August Horneffer, 2. Aufl. Stuttgart 1957, S. 2ff.; Forum Geschichte 2015, S. 91)

Aufgabe:
Caesars Weg zur Alleinherrschaft endete mit seiner Ermordung. War Augustus` Weg ein anderer, ähnlich oder wurde er gar nicht Alleinherrscher? Erarbeite aus der Quelle die zentralen Kritikpunkte an seiner Politik und löse die Kernaufgabe.
Du kannst aus folgenden Arbeitsvorschlägen einen auswählen. Falls du noch Zeit hast, wähle einen zweiten. Ziehe, falls nötig, Teile des Schulbuchkapitels heran:

1. Benenne Stationen aus Augustus` Weg zum Princeps stichwortartig und formuliere in einem Satz eine Antwort auf die Aufgabe (mit Begründung).
2. Vergleiche in einer Tabelle die Wege von Caesar und Augustus. Unterstreiche die Stationen, an denen Augustus anders vorging und nimm Stellung zur Aufgabe.
3. Augustus war geschickter als Caesar: Formuliere Aussagen, die die Ausgangsfrage beantworten.
4. Markiere in dem Quellenauszug (Kopie in dein Heft) die Stellen farbig, in denen Tacitus selbst schon Gründe für den Erfolg des Augustus anmerkt.
5. Du warst Augustus politischer Berater. Stelle dar, was du ihm geraten hast, um erfolgreicher zu sein als Caesar.
6. Verfasse einen Kommentar für eine Zeitung (die es damals noch nicht gab), aus dem hervorgeht, warum Augustus nicht ermordet wurde.
7. Stelle Zeitungsschlagzeilen gegenüber, die deutlich machen, was Caesar schlecht und Augustus besser machte.

Kommentar:
Erneut geht es beim „Fächer“ – wie schon im ersten Beispiel demonstriert – um den Mindeststandard/das Fundamentum, den letztlich erfolgreichen Weg des Augustus zur Alleinherrschaft zu erarbeiten (Analysekompetenz) und bezogen auf die Ausgangssituation zu begründen (Urteilskompetenz). Was die unterschiedlichen Lernwege anbelangt, sind klassische (tabellarische Vorgehensweise, Stichworte zu Stationen) gemischt mit kreativeren (Kommentar, Schlagzeilen). Ein besonderes Hilfsangebot ist mit der vierten Wahlaufgabe gegeben.

2. Blütenaufgabe (mit identischem Kernimpuls und identischer Aufgabe)
Wahlaufgaben:

1. Vergleiche Caesars und Augustus` Weg zur Macht in einer Mind-Map: Die Äste musst du identisch beschriften, die Zweige in zwei verschiedenen Farben. Markiere mit Kreisen, wo Augustus erfolgreicher war.
2. Lege die Wege beider zur Alleinherrschaft als Zeitleiste (was war zuerst, was folgte darauf) nebeneinander. Markiere anschließend (Farbe, Blitz), wann nach deiner Meinung Augustus klüger war als Caesar.
3. Augustus behauptete, er habe den Staat wieder „der freien Entscheidung des Senats und des römischen Volks übergeben“. Nimm in einer Rede (schriftlich verfassen) Stellung dazu und begründe deine Meinung.

4. Asterix und Obelix haben Schwierigkeiten, ihren Galliern zu erklären, warum Augustus erfolgreicher war als Caesar: Hilf Ihnen mit einem kleinen Comic!
5. Wie wird die Macht im römischen Staat neu verteilt? Vergleiche die Verfassung der res publica mit dem Prinzipat und verfasse einen Kommentar.
6. Ein Kritiker oder ein Anhänger der neuen Ordnung schreibt einen Brief an einen Freund: Was ich dir unbedingt sagen muss! Du kannst dich für eine der beiden Perspektiven entscheiden.
7. Augustus hat selbst im Jahre 13 v. Chr. Einen Tatenbericht veröffentlicht (heute würde man das seine Memoiren nennen), in dem er feststellt: „Die Diktatur, die mir in meiner Abwesenheit wie auch in meiner Anwesenheit sowohl vom Volk als auch vom Senat [im Jahr 22 v. Chr.] angeboten wurde, habe ich nicht angenommen. [...] Nachdem ich das Feuer der Bürgerkriege gelöscht und mit der Zustimmung aller über die höchste Macht im Staat verfügt hatte, habe ich [im Jahr 27 v. Chr.] den Staat aus meiner Vollmacht wieder der freien Entscheidung des Senats und des römischen Volks übergeben. Für dieses mein Verdienst wurde ich auf Beschluss des Senats Augustus genannt." (zit. nach Geschichte und Geschehen 1, 2015, S. 142)
   Verfasse dazu einen Kommentar.

Kommentar:
Wie schon im ersten Beispiel gezeigt, hat die Blütenaufgabe Angebote parat, die einerseits das Fundamentum sichern (Wahlaufgaben 1 und 2), dann aber Varianten anbietet, die Schülerinnen und Schüler motivieren und herausfordern, kreativere Wege zu gehen (4 und 6) oder sich inhaltlich anspruchsvollere Aufgaben zu suchen (z. B. 5 und 7).

So kann es gelingen	**Unbeabsichtigte Nebenwirkungen**
▸ Allmähliche Steigerung der Wahlmöglichkeiten. ▸ Schrittweises Heranführen an selbstständiges Arbeiten in kooperativen Formen. ▸ Für die Wahl der Aufgabe genügend Zeit einräumen und für Rück-/Verständnisfragen zur Verfügung stehen. ▸ Alle gewählten Varianten in die Auswertung einbeziehen. ▸ Lernende ermutigen, nicht nur immer dieselben oder ähnliche Lernwege/Anspruchsniveaus zu wählen. ▸ Offenheit für eigene Aufgabenvorschläge der Lernenden.	▸ Wahl der Lernwege/des Anspruchsniveaus nicht nach Interesse, sondern dem Verhalten der Peers. ▸ Ausweichen auf (vermeintlich) leichtere oder schneller zu bewältigende Aufgaben. ▸ Entstehen enger Lernroutinen. ▸ Selbstüberforderung der Schülerinnen und Schüler z. B. bei narrativen Settings bezüglich des zeitlichen Rahmens der Bewältigung von Aufgaben, etwa einen Comic zu zeichnen (über Hausaufgabe nachreichen).

Basale Differenzierung: Aufgabenvariationen auf der Basis des Geschichtsbuchs bzw. eingeführter Arbeitsblätter

In Abgrenzung zu Fächer- und Blütenaufgaben handelt es sich hierbei um Differenzierungen, die von einem durchstrukturierteren Lehr-/Lernarrangement ausgehen und erste Schritte zu einer Öffnung von Unterricht in Form längerer kooperativer Arbeitsphasen anbieten. Sie gehen von eingeführten Unterrichtsmaterialien aus (Schulbuch oder Arbeitsblätter) und sind von überschaubarer Dauer (z.B. eine Doppelstunde). Die Binnendifferenzierung erfolgt leistungs-, neigungs- oder lerntypenspezifisch, was eine Kombination von Varianten nicht ausschließen muss.

Die neuere Generation von Geschichtsbüchern bietet im Regelfall zu einzelnen Themenaspekten eine Vielzahl von Aufgaben an, bei denen man sich häufig fragt, ob es Sinn macht, sie sozusagen linear mit der gesamten Lerngruppe abzuarbeiten. Stattdessen könnten sie als **Aufgabenpool** genutzt werden, aus dem die Schülerinnen und Schüler Aufgabenstellungen wählen können, die einerseits das Fundamentum des Themas sichern, andererseits Wahlmöglichkeiten hinsichtlich einer Veranschaulichung, Vertiefung oder Problematisierung anbieten. Dies sei an einem Beispiel zum Thema *Geheimnisvolle Pyramiden* gezeigt (vgl. Geschichte und Geschehen, 1, 2015, S. 62–65).

Das Schulbuchkapitel besteht aus einem Verfassertext, der die Götterwelt der Ägypter, das Totengericht, Funktion und Bau der Pyramiden sowie die Mumifizierung thematisiert. An Materialien sind zwei Bilder von Pyramiden vorhanden – eines davon eine Rekonstruktionszeichnung (Schnitt durch die Cheopspyramide)–, die Darstellung des Totengerichts (Text und Bild), eine Rekonstruktionszeichnung zum Bau der Pyramiden sowie ein Quellentext, der aus Sicht des griechischen Geschichtsschreibers Herodot einen kritischen Blick auf die Errichtung dieser monumentalen Bauten wirft (= Unterdrückung des Volkes?). Andere Geschichtsbücher arbeiten mit ganz ähnlichen Materialien: Das Bild vom Totengericht wird man mit mehr oder weniger Erklärungen in nahezu allen finden, das Gleiche gilt für Veranschaulichungen des Pyramidenbaus über Rekonstruktionszeichnungen. Insofern sind die folgenden Überlegungen zur Entwicklung eines binnendifferenzierenden Aufgabenpools (s. Beispielkasten S. 59) übertragbar. Ausgangspunkt für Überlegungen zur Differenzierung ist die Frage, worin für alle (möglichst viele) Lerner das Fundamentum des Kapitels bestehen soll. Dessen Festlegung ist zum einen immer eine generelle inhaltliche (Lernziele) sowie kompetenzbezogene Aussage, die sozusagen den Standard für Lerngruppen in dieser Schulform und Jahrgangsstufe ausmacht. Sie hängt zum anderen aber auch mit den speziellen Lernvoraussetzungen der jeweils konkreten Lerngruppe zusammen. In dem vorliegenden Beispiel verlangen etwa die Aufgaben 5, 7, 8 und 10 z.T. erhebliche Fähigkeiten des sinnbildenden historischen Erzählens. Sind in der konkreten Lerngruppe solche Fähigkeiten bislang kaum geübt, wird eine Aufgabendifferenzierung u.U. lediglich die beiden mit Starthilfen versehenen Aufgabenstellungen (5 und 7) berücksichtigen.

B

Beispiele für Aufgabenstellungen im Geschichtsbuch

1. Vergleiche die Höhe der in Q1 dargestellten Pyramiden mit Gebäuden an deinem Wohnort.
2. Erläutere, wie die ägyptische Religion und der Bau sowie die Ausstattung von Pyramiden zusammenhängen (VT).
3. Arbeite aus dem Bild in Q2 heraus, in welchen Gestalten die Ägypter ihre Götter dargestellt haben.
4. Wähle aus Q2 eine Göttergestalt aus und recherchiere, welche Bedeutung sie für die Ägypter besaß und weshalb sie den Gott so wie auf dem Bild darstellten.
5. Versetze dich in die Person des Hunefer und erzähle, was beim Totengericht passiert. Denke dabei auch an Gefühle wie Angst, Überraschung und Freude (Q2).
6. Beschreibe den Aufbau der Cheopspyramide. Vermute, warum alle Zugänge fest verschlossen wurden (D1).
7. Ein Priester erklärt seiner Tochter, wie ein Toter für die Bestattung vorbereitet wird. Gestaltet dieses Gespräch nach. Bedenkt dabei, dass das Mädchen ihrem Vater sicher viele Fragen stellt (VT, Q3).
8. Erkläre anhand von D2, welche Technik des Pyramidenbaus Wissenschaftler für möglich halten.
9. Vergleiche Herodots Aussagen zum Pyramidenbau mit den Informationen im Text. Wodurch unterscheiden sie sich? Verfasse eine Antwort an Herodot (VT, Q4).
10. Denkt euch ein Interview mit einer Wissenschaftlerin aus, die erklärt, was wir heute über den Pyramidenbau wissen und was nicht (D1, D2, VT).

Fundamentum: Die altägyptische Gesellschaft war stark vom Jenseitsglauben geprägt, der sich im Alltag in der polytheistischen Götterwelt, den Pyramiden, der Mumifizierung und in der Vorstellung vom Totengericht äußerte. Dies ist der historische Kern des Fundamentums (Analyse- und Urteilskompetenz). Hinzu kommt die wichtige Einsicht, dass Geschichte ein Konstrukt ist, in vielen Fällen nicht auf erwiesenen Tatsachen, sondern triftigen, z.T. strittigen Vermutungen beruht (hier bezogen auf die Technik des Pyramidenbaus). Insofern sind die Aufgaben 2, 5 und 8 diejenigen, die den Mindeststandard sichern helfen, also von allen zu bearbeiten sind.

Die übrigen Aufgaben lassen sich nach Schwierigkeitsgraden differenzieren:

- Aufgaben 1 und 3 = * (Analysekompetenz);
- Aufgaben 4 und 6 = ** (Sachurteilskompetenz);
- Aufgaben 7, 9, 10 = *** (Sachurteilskompetenz auf narrativer Basis).

Was den konkreten Unterrichtsablauf anbelangt, sind die Fundamentum-Aufgaben und die Wahlaufgaben ** in einer Doppelstunde zu bearbeiten (sofern für Aufgabe 5 eine Recherchemöglichkeit [Lexikon, Buch, Internet] vorhanden ist).

Eine der drei *** Aufgaben kann als Wahlaufgabe zu Hause bearbeitet werden. Die ursprünglichen Aufgabenstellungen als für die Lerner transparenter **Aufgabenpool**:

Fundamentum: Die ersten drei Aufgaben sind von allen zu bearbeiten.

1. Erläutere, wie die ägyptische Religion und der Bau sowie die Ausstattung von Pyramiden zusammenhängen.
2. Versetze dich in die Person des Hunefer, und erzähle, was beim Totengericht passiert. Denke dabei auch an Gefühle wie Angst, Überraschung oder Freude.
3. Erkläre, welche Technik des Pyramidenbaus Wissenschaftler für möglich halten.

Additum: Wähle jeweils eine Aufgabe aus.

4. * Vergleiche die Höhe der in Q1 dargestellten Pyramiden mit Gebäuden an deinem Wohnort.
5. * Arbeite aus dem Bild Q2 heraus, in welchen Gestalten die Ägypter ihre Götter dargestellt haben.
6. ** Wähle aus Q2 eine Göttergestalt aus und recherchiere, welche Bedeutung sie für die Ägypter besaß und weshalb sie den Gott so wie auf dem Bild darstellten.
7. ** Beschreibe den Aufbau der Cheopspyramide. Vermute, weshalb alle Zugänge fest verschlossen waren (D1).
8. *** Ein Priester erklärt seiner Tochter, wie ein Toter für die Bestattung vorbereitet wird. Gestaltet dieses Gespräch nach. Bedenkt dabei, dass das Mädchen ihrem Vater sicher viele Fragen stellt (VT, Q3).
9. *** Vergleiche Herodots Aussagen zum Pyramidenbau mit den Informationen im Text. Wodurch unterscheiden sie sich? Verfasse eine Antwort an Herodot (VT, Q4).
10. *** Denkt euch ein Interview mit einer Wissenschaftlerin aus, die erklärt, was wir heute über den Pyramidenbau wissen und was nicht (D1, D2, VT).

(Die Wahlaufgabe 6 ist Hausaufgabe.)

Ein solcher Aufgabenpool auf Basis des Geschichtsbuchs gibt den Schülerinnen und Schülern eine klare Orientierung über das Pflichtprogramm und die Wahlmöglichkeiten für das Additum, die auch nach Neigungsgesichtspunkten gestaltet sind. Was er nicht leistet, sind Hilfestellungen für die Erschließung des Fundamentums (s. Kap. Lernhilfen).

Zur Konstruktion eines **Aufgabenpools** gibt es Alternativen, die diesen Mangel auszugleichen versuchen. Sie setzen freilich voraus, dass die Lehrkraft sich nicht auf die Aufgabenvorschläge im Schulbuch verlässt oder nur auf wenige zurückgreift, sondern hauptsächlich eigene Arbeitsaufträge entwickelt. Um bei dem Thema zu bleiben, aber den Akzent auf die Funktion der Mumifizierung zu fokussieren, könnte ein Aufgabenpool folgendermaßen aussehen:

Aufgabenpool Mumifizierung		
Nenne den entscheidenden Grund für die Mumifizierung (*).	Erkläre den Zusammenhang zwischen Jenseitsglauben und Mumifizierung (**).	Erläutere die Mumifizierung unter Einbeziehung sozialer Unterschiede (***).
Unterstreiche alle Wörter, die verdeutlichen, aus welcher Schicht der Mumifizierte stammte (*).	Erstelle eine Tabelle, aus der hervorgeht, aus welcher Schicht der Mumifizierte stammte (**).	Erläutere, was die Quelle über die soziale Schicht des Mumifizierten aussagt (***).
Lege eine Tabelle an, aus der hervorgeht, welche Verwendungszwecke die Grabbeigaben hatten (*).	Nenne den jeweiligen Verwendungszweck der genannten Grabbeigaben (aus dem Schulbuch übernommen) (**).	Erläutere an Beispielen, wieso wir gerade dem Jenseitsglauben der Ägypter wichtige Informationen über ihren Alltag verdanken (aus dem Schulbuch übernommen) (***).

Auch mit der Beantwortung der *-Aufgaben kann das Fundamentum gesichert werden, das nach generellen Gründen für die Mumifizierung fragt und soziale Unterschiede markieren möchte. Dennoch hat die Konstruktion eines solchen Aufgabenpools in der praktischen Umsetzung seine Tücken; vor allem, wenn man bedenkt, dass ein solcher Aufgabenpool ja nicht nur begrenzt auf die Mumifizierung, sondern u. U. für das gesamte Thema *Ägypten* entwickelt wird. Die gut gemeinte Absicht, für möglichst viele Lernende eine *rational* begründete Auswahl bereitzustellen, wird in der Praxis meistens dadurch konterkariert, dass die Schülerinnen und Schüler ihre Wahl nicht nach rationalen Gründen treffen – dafür müssten sie alle Vorschläge lesen und in ihrer Bedeutung einschätzen –, sondern sich hauptsächlich bei ihrer Wahl danach richten, wie viele Sterne die jeweilige Aufgabe hat.

Auch wenn die Lehrkraft beispielsweise eine Orientierung gäbe, wie viele Sterne für eine gute, befriedigende oder nicht ausreichende Bewältigung der Aufgabe infrage kämen, würde sich daran kaum etwas ändern.

Sternchen-Aufgaben machen aber dann Sinn, wenn es darum geht, eine besonders komplexe Quelle oder ein anspruchsvolles Material erschließen bzw. interpretieren zu wollen. In solchen Fällen sind niveaugestufte Aufgabenstellungen eine Herausforderung und Hilfe zugleich. Eine Herausforderung für Lernende, die aufgrund ihres Leistungsvermögens ihre Kompetenzen auch an komplexeren Arbeitsaufträgen erproben können; eine Hilfestellung für diejenigen, die an gewisse methodische Vorgehensweisen noch einmal erinnert werden oder kleinschrittig durch eine Quelle/ein Material geführt werden müssen – jeweils mit dem identischen Ziel, den Inhalt erfassen und deuten zu können.

Beispiel 1: eine Karikatur interpretieren

Abb. 7: Eine Karikatur zum „Deutschen Herbst“ (Horst Hainziger 1977, aus: Geschichte lernen 131/2009, S. 11)

Karikaturen sind bekanntermaßen bei Lehrkräften beliebte Quellen, was prinzipiell durchaus auch für Schülerinnen und Schüler gilt. Ihre Problematik liegt darin, dass sie reichlich Symbole, Metaphern und inhaltliche Vorkenntnisse enthalten, die für die Zeitgenossen als zugespitzt gezeichneter Kommentar unmittelbar verständlich sind, als Quellen für den Geschichtsunterricht aber voraussetzungsreich erschlossen werden müssen. Die Karikatur (Abb. 7) warnt vor bestimmten Gesetzesvorhaben gegen die Terroristen der RAF, weil diese die rechtsstaatliche Ordnung selbst infrage stellen. Im Kontext einer Unterrichtseinheit zum „Deutschen Herbst“ sollten diese Anti-Terrorgesetze behandelt ggf. auch bewertet worden sein, um über die Interpretation der Karikatur einen Anstoß für eine wahrscheinlich kontroverse Diskussion zu erhalten. Die „Giftschlange“ RAF greift den Rechtsstaat an, der im deutschen Michel personifiziert ist. Dieser will mit einem Axthieb die Schlange töten, würde aber zugleich einen Teil der rechtsstaatlichen Ordnung zerstören. Die Person am linken Rand (womöglich sind Standpunkt sowie Größe der Person nicht zufällig gewählt) erkennt diese Gefahr und ruft dem Michel etwas zu: „Vorsicht, Mann, nicht ins eigene Fleisch.“ Diese Aussage ist hier retuschiert worden, weil die Lernenden selbst eine sinnvolle Aussage finden sollen. (Dies gilt für einen Unterricht in der Sekundarstufe II, in einer Klasse der Sekundarstufe I könnte sie auch eingeblendet bleiben.)

B

Beispiel: Sternchen-Aufgabendifferenzierung

*** *Was will der Zeichner aussagen? Analysieren und interpretieren Sie die Karikatur und finden Sie eine passende Unterschrift.*
Diese Aufgabenstellung setzt voraus, dass diejenigen Schülerinnen und Schüler, die sie wählen, sich sicher sind oder sich zutrauen, die in anderen unterrichtlichen Zusammenhängen entwickelten Kompetenzen zur Bildanalyse auf die Karikatur zu übertragen.
** *Wovor warnt der Zeichner der Karikatur? Betrachten Sie genau die einzelnen Bildelemente und die Handlungsabsichten der Beteiligten. Finden Sie für Ihre Interpretation eine geeignete Bildunterschrift.*
Lernende erhalten hier eine gewisse Gedächtnisstütze und methodische Hilfe, die sie an wichtige Grundlagen einer Interpretation von visuellen Quellen erinnert.
* *Welche Befürchtungen hat der Autor? Betrachten Sie die Karikatur gründlich: Was könnte die Person am linken Bildrand rufen, für wen steht diese Person? Wen repräsentiert die Person im Zentrum der Karikatur; wen symbolisiert die Schlange; was beabsichtigt die Person im Zentrum zu tun und welche Folgen ergäben sich daraus (symbolisch/tatsächlich)? Analysieren und interpretieren Sie die Karikatur und formulieren Sie in einer Sprechblase, was die Person links ruft.*
Diese Variation führt die Lernenden sehr genau und eng durch die einzelnen Bildelemente der Karikatur. Es wird vorausgesetzt, dass bislang erprobte Kompetenzen der Bildinterpretation nicht oder kaum noch verfügbar sind und dementsprechend Hilfen angeboten werden.

Wie kann eine solche Sternchen-Aufgabe im konkreten Unterrichtsgeschehen eingebracht werden, sollen Lernende wählen können oder werden ihnen Varianten zugeteilt? Eine Wahlfreiheit impliziert immer auch Überforderung bzw. Unterforderung. Beides, weil Schülerinnen und Schüler erst lernen müssen, sowohl ihre Fähigkeiten realistisch einschätzen zu können als auch sich motivational herausfordern zu lassen. Insofern kann es passieren, dass die nicht bewältigte *** Sternchen-Aufgabe Frustrationen auslöst; aber genauso, dass leistungsstärkere Lerner keine Lust haben, schwerere Aufgaben zu lösen. Allerdings ist eine Zuteilung aufgrund der diagnostischen Kompetenzen und der unterrichtlichen Erfahrung seitens der Lehrkräfte nicht weniger widersprüchlich: Sie könnte im Sinne der Öffentlichmachung von Leistungsunterschieden zu deren Festschreibung oder gar zur Stigmatisierung von Lernenden beitragen. Letztlich spricht einiges für die Wahlfreiheit: Nur durch sie sind die Möglichkeiten gegeben, realistisch Stärken und Schwächen zu erkennen und zu benennen und im Dialog mit den Lernenden zu bearbeiten. Denn Wahlmöglichkeit heißt auch, auf ein anderes Niveau wechseln zu können – was auf Dauer Frustrationen in Erfolgserlebnisse verwandeln und Unterforderungen produktiv aufheben kann.

Beispiel 2: ein Diagramm analysieren und interpretieren

In nahezu jedem Geschichtsbuch findet man ein Diagramm zu den Wahlergebnissen in der Weimarer Republik, in der Regel, um nachvollziehbar zu machen, wie es gegen Ende der Republik um die Möglichkeiten einer Regierungsbildung der demokratischen Parteien stand und gleichzeitig den Aufstieg republikfeindlicher Parteien zu dokumentieren.

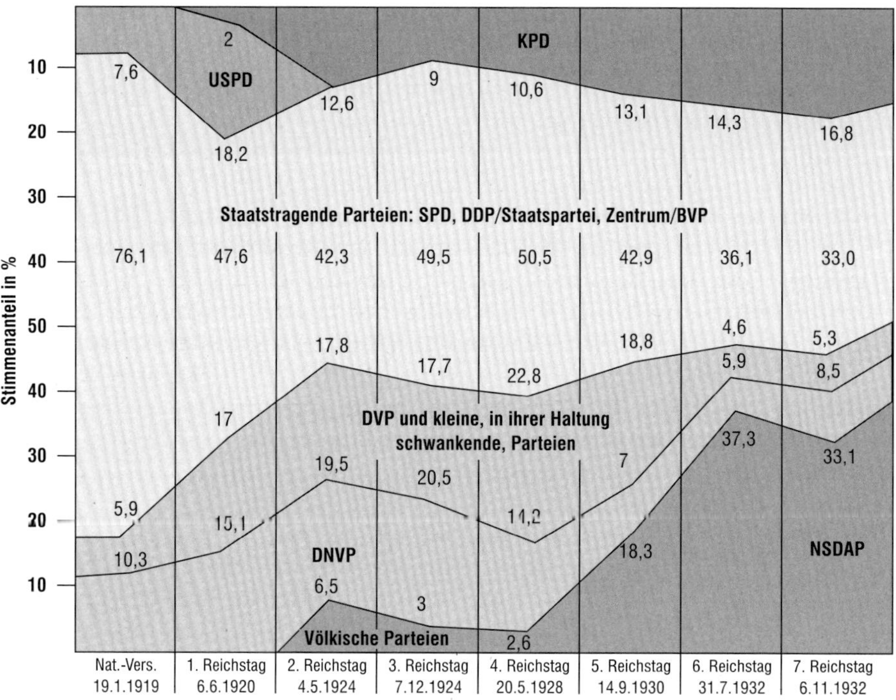

Abb. 8: Wahlergebnisse in der Weimarer Republik (aus: Das waren Zeiten 3, Ausgabe Thüringen, 2015, S. 90)

Das Beispiel zeigt ein bereits mit erheblichen Analysehilfen versehenes Diagramm: Staatstragende sind von republikfeindlichen und in ihrer Haltung zur Republik schwankenden Parteien abgegrenzt – ein Unterschied zum Beispiel 1, weil dort die schwierigere Variante (ohne den Titel der Karikatur) gewählt wurde. Es kommt hinzu, dass anders als in Schulbuchvarianten keine Angaben über die Wahlbeteiligung angegeben sind – die Rückschlüsse darauf zuließe, dass gegen Ende der Republik die Wahlbeteiligung erheblich anstieg, was offenkundig den republikfeindlichen Parteien zu Gute kam.

Beispiel: Aufgabendifferenzierung (Sekundarstufe I)

*** Beurteile die Chancen einer Regierungskoalition seit 1932 und begründe deine Meinung.
** Welche Aussichten hatten ab 1932 die staatstragenden Parteien, eine mehrheitsfähige Koalition zu bilden? Betrachte die Entwicklung der staatstragenden und der republikfeindlichen Parteien und beachte die rechnerischen Möglichkeiten.
* 1932 gilt als entscheidendes Jahr für das Scheitern von Regierungskoalitionen der staatstragenden Parteien. Analysiere, wie sich der prozentuale Anteil der staatstragenden, der republikfeindlichen und der schwankenden Parteien entwickelt hat. Gab es aufgrund deiner Berechnungen die Möglichkeit einer Regierungsbildung der Demokraten? Begründe deine Meinung.

Wiederum werden Kompetenzen vorausgesetzt, in Erinnerung gerufen sowie erneut kleinschrittig reproduziert, um das Fundamentum zu erreichen, was als Variante auch über Tippkarten bzw. Lernhilfen/Denkanstöße geleistet werden kann (s. weiter unten). Schulbuchautoren(innen) unterschätzen häufig die Ansprüche an die von ihnen ausgewählten Materialien und formulieren zuweilen Aufgabenstellungen, die nur besonders gute, interessierte und motivierte Lerner erfüllen können. Dies ist kein Vorwurf, bedeutet aber für die Unterrichtspraxis, dass Differenzierungsangebote bereitgestellt werden müssen. Es ist hoffentlich deutlich geworden, dass diese sehr genau an die jeweiligen Lerngruppen angepasst werden müssen. Einen allgemeingültigen Schlüssel/ein Rezept gibt es nicht! Denn es ist geradezu die Logik des pädagogischen Prozesses, dass ein Erfolg nicht planbar ist – was seine Schwierigkeit wie seinen Reiz ausmacht.

Auch **geschlossene, halboffene und offene Aufgabenstellungen** differenzieren nach Leistungsniveaus. Anders als Sternchen-Aufgaben, sind sie hauptsächlich, wenngleich nicht ausschließlich, für die Sicherung von Ergebnissen, Wiederholungen und Überprüfung von Kompetenzen geeignet. Geschlossene Aufgaben sind so zu konstruieren, dass es zweifelsfrei um eine oder mehrere richtige Antworten geht, was den Lernenden über den Arbeitsauftrag vermittelt wird. Dabei sind folgende Varianten denkbar:

- Richtig/Falsch-Antworten

B

Beispiele Richtig/Falsch-Antworten (Nationalsozialismus)

Als Führer der Mehrheitsfraktion im Reichstag wurde Hitler am 30. Januar 1933 vom Reichspräsidenten mit der Regierungsbildung beauftragt.

☐ richtig
☐ falsch

Der Reichsregierung gehörten mehrheitlich Mitglieder der NSDAP an.

☐ richtig
☐ falsch

- Multiple-Choice-Aufgaben: Mehrere Antwortmöglichkeiten auf einen Arbeitsauftrag werden zur Wahl gestellt, wobei – je nach Aufgabenstellung – benannt werden muss, wie viele richtige Antworten angekreuzt werden sollen. Dabei ist zu beachten, dass alle Antwortmöglichkeiten plausibel sein müssen, damit sie nicht von vornherein ausgeschlossen erscheinen.

B

Beispiele Multiple-Choice-Aufgaben (Mittelalter)
(jeweils die richtige Antwort ankreuzen)

Wer rief zum 1. Kreuzzug auf?

☐ Richard Löwenherz
☐ Kaiser Friedrich Barbarossa
☐ Papst Urban
☐ die französischen Ritter

Wer wurde im Mittelalter römischer Kaiser?

☐ der Papst in Rom
☐ der französische König
☐ der König von Rom
☐ der deutsche König

(Hier zeigt sich, dass sowohl die französischen Ritter in der ersten und der Papst in der zweiten Aufgabe eher Wahlmöglichkeiten sind, die von vornherein unwahrscheinlich sind.)

- Zuordnungsaufgaben: Sachbegriffe und/oder Namen und/oder Daten stehen in zwei Spalten nebeneinander und müssen von den Lernenden durch Verbindungslinien verknüpft werden.

Beispiel Zuordnungsaufgabe (Weimarer Republik)

Parteien in der Weimarer Republik und ihr politischer Standort – verbinde, was zusammengehört.

DDP	Partei des katholischen Milieus
Zentrum	rechtsliberale Wirtschaftspartei
SPD	wollte die Monarchie erneuern
DNVP	linksliberale Partei
DVP	linkssozialistische Partei

- Fehlertexte: Diese Variante ist deutlich anspruchsvoller als die vorherigen drei, wenngleich auch hier die Antworten eindeutig richtig oder falsch sind. Die Schülerinnen und Schüler müssen Daten, Fakten oder Anachronismen in einem Text identifizieren und korrigieren.

Beispiel Fehlertext (Römische Republik)

Der folgende Text enthält zehn Fehler. Finde sie heraus und korrigiere den Text.

In der römischen Republik gab es keinen König. Dafür hat man einem Konsul alle Macht übertragen, die er ein Leben lang ausübte.
Die Römer haben viele Kriege geführt. Unter Julius Caesar eroberten sie ganz Germanien. Caesar war außerdem der erste König von Rom. Unter ihm erreichte das Römische Reich seine größte Ausdehnung. Die Römer verboten allen Provinzbewohnern, in politischen Fragen mitzuwirken.
Ihre Hauptstadt Rom bauten die Römer prächtig aus. Es gab dort nur große Häuser aus Marmor. Zahlreiche Wasserleitungen versorgten die Hauptstadt mit frischem Trinkwasser. Man nennt diese Wasserleitungen Thermen. Im Kolosseum fanden Wagenrennen statt, im Circus Maximus vor allem Gladiatorenkämpfe.

(aus: Geschichte und Geschehen 1, 2015, S. 164)

Geschlossene Aufgaben sollen den Mindeststandard/das Fundamentum einer Unterrichtseinheit auch für die weniger interessierte oder leistungsschwächere Lernende sichern. Es sollte gezeigt werden, dass nicht unbedingt engen Routinen bei den Formen gefolgt werden muss, sondern Varianten existieren, zu denen neben den genannten auch noch Lückentexte gehören – sofern sie die einzusetzenden Begriffe/Fakten nennen, die die Lernenden dann in die richtigen Lücken einsetzen müssen. Ähnliches gilt für Mind-Maps, wenn die Zahl der Äste vorgegeben ist. Ein besonderer Fall sind Kreuzworträtsel oder Silbenrätsel, von Schülerinnen und Schülern gern gelöst, wobei immer die Gefahr besteht, dass das Spielerische den Inhalt/die Kompetenz überlagert. Beide Rätselvarianten können allerdings sehr anspruchsvolle und motivierende Aufgabenformate sein, wenn Lernende sie selbstständig entwickeln (s. Zusatzaufgaben)

Wenn bei Lückentexten die einzusetzenden Begriffe und bei Mind-Maps die Anzahl der Äste nicht vorgegeben werden, sind sie halboffene Aufgaben, weil die Lernenden selbst Relevanzentscheidungen vornehmen müssen. Andere Varianten sind Arbeitsaufträge, die dazu auffordern, zentrale Begriffe oder Daten zu historischen Themen zu nennen (und sie ggf. zu erläutern): „Nenne drei zentrale Begriffe, die Grundherrschaft ... städtische Ordnung im Mittelalter ... Renaissance ... kennzeichnen."

Außerdem solche, die zu Ein-Satz-Formulierungen auffordern: „Formuliere in einem Satz das Verhältnis Luthers zu den Bauern ... die Bedeutung des Hambacher Festes ... die außenpolitischen Ziele Bismarcks."

Offene Aufgabenstellungen sind so angelegt, dass Schülerinnen und Schüler bezogen auf einen historischen Gegenstand eine sinnbildende Verknüpfung von Einzelaspekten und/oder Auseinandersetzung mit wesentlichen Sachverhalten leisten sollen, in der Regel also ein Sach- oder Werturteil formulieren und begründen. Dies kann in folgenden Aufgabenformaten geschehen:

- Einen thematischen Aspekt aus einer anderen Perspektive erzählen (die Landung in der Neuen Welt aus Sicht der Indios; die Währungsreform 1948 aus der Perspektive der Sparer).
- Ein Problem/ein Dilemma lösen: Freiwillige Übergabe in die Grundherrschaft oder nicht? Lösungsvorschläge zur sozialen Frage bewerten.
- Ein Setting aus relevanten Daten und Fakten in eine triftige Erzählung transformieren: Stationen auf dem Weg zur Gleichschaltung nach 1933; Weichenstellungen zur Teilung Deutschlands 1945–1949.

Für einen binnendifferenzierten Geschichtsunterricht können diese Aufgabentypen jeweils als Set aus einer geschlossenen, einer halboffenen und einer offenen Aufgabenstellung genutzt werden. Dadurch können unterschiedliche Motivationen, Interessen, vor allem aber Leistungsniveaus angesprochen werden, um angesichts der Wahlmöglichkeiten möglichst vielen Lernern mindestens das Fundamentum einer Unterrichtseinheit zu vermitteln – und einige darüber hinaus zu fördern und zu fordern.

Beispiele für die Kombination von Aufgabentypen

Wähle jeweils eine Aufgabe aus. Du kannst, wenn du schnell fertig bist, dich auch an einer zweiten versuchen oder sie zumindest anfangen.

Herrschaft im Mittelalter

1. Richtig oder falsch? Schreibe die entsprechende Antwort hinter die Aussage.
   - Die Könige im Mittelalter regierten in einer Hauptstadt.
   - Kaiser und Papst waren die mächtigsten Herrscher.
   - Könige und Fürsten waren wichtige Partner.
   - Sie kamen immer gut miteinander aus.
   - Die wichtigste Aufgabe der Kurfürsten war die Beratung der Könige.
2. Kaiser, König, Papst, Fürsten, Kurfürsten.
   - Entwickle eine Mind-Map, aus der hervorgeht, wie die Macht zwischen ihnen verteilt war.
3. Die Herrschaft im Mittelalter war geteilt zwischen Kaiser, Papst, König, Fürsten und Kurfürsten. Erläutere in einem zusammenhängenden Text, wie diese Teilung aussah und schildere an zwei Beispielen, wann es zu Konflikten kommen konnte.

Stadt im Mittelalter

1. Fülle die Lücken im Text mit folgenden Begriffen aus: Patrizier, Burgen, Markt, Furten, Stadtherr, Zünfte, Stadtherrschaft.
   Mittelalterliche Städte wurden z. B. an ... oder ... gegründet. Sie hatten zunächst einen adeligen ... Später übernahmen Händler und Kaufleute die ... Das Zentrum der Stadt war der ... Die Handwerker waren in ... organisiert. Auf Dauer drängten sie, zumeist erfolgreich, um Teilhabe an der ...
2. Nenne drei Unterschiede zwischen dem Leben auf dem Land und in der Stadt.
3. „Stadtluft macht frei." Erläutere diese Aussage und überprüfe, ob sie zutreffend war.

Bauernbefreiung in Preußen (1807/1811)

1. Kreuze jeweils die richtige Antwort an.
   A. Für die Bauern bedeutete sie
   ☐ das Ende der Gutsuntertänigkeit.
   ☐ die Beibehaltung der Gutsuntertänigkeit.
   ☐ eine Verfestigung der Gutsuntertänigkeit.

   B. Die Bauern wurden dann frei,
   ☐ wenn Gutsherrn und Bauern sich unter Zeugen darauf einigten.
   ☐ wenn der preußische Staat es anordnete.
   ☐ wenn die Bauern die Gutsherren entschädigten.

C. Bauernbefreiung ist ein falscher Begriff,
- ☐ wenn man bedenkt, dass nur wenige Bauern vorher unfrei waren.
- ☐ wenn man die Bauernbefreiung in Preußen mit der in Frankreich vergleicht.
- ☐ wenn die Befreiung den Bauern keine Kosten verursachte.

2. Lege eine Tabelle an, aus der hervorgeht, wie sich die Bauernbefreiung in Frankreich und Preußen unterschied. Nenne drei Unterschiede.
3. Bürger, Bauern und Adelige waren von der Bauernbefreiung unterschiedlich betroffen. Schreibe aus der Sicht einer der Beteiligten, wie er die Maßnahmen beurteilt.

Verfassung der Weimarer Republik

1. Korrigiere folgenden Text:
   Die besondere Macht des Reichskanzlers der Weimarer Republik bestand u. a. darin, dass er gemeinsam mit dem Reichspräsidenten den militärischen Oberbefehl hatte. In Krisenzeiten konnte er durch Notverordnungen nach Art. 25 der Verfassung auch ohne parlamentarische Mehrheiten Gesetzesvorhaben erlassen und mit Art. 48 den Reichstag auflösen. Er wurde vom Volk gewählt.
2. Erläutere jeweils in einem Satz:
   - die Bedeutung des Reichspräsidenten (Aufgaben, Macht, Wahl),
   - die Bedeutung der Art. 25 und 48 der Verfassung.
3. Unterschiede zur Stellung des Bundespräsidenten nach dem Grundgesetz.
   „Die Mütter und Väter des Grundgesetzes haben aus der Weimarer Verfassung Lehren gezogen." Erläutere diese Aussage und überprüfe sie an Beispielen.

Teilung Deutschlands

1. Verbinde, was zusammengehört.

Potsdamer Abkommen	Beginn der Eindämmungspolitik der der USA
Entnazifizierung	wirtschaftliches Hilfsprogramm für Europa
Truman-Doktrin	Anlass für die Blockade Berlins
Marshall-Plan	politische Überprüfungen und Säuberungen
Währungsreform	Festlegung der Grundsätze für die künftige Entwicklung Deutschlands

2. Suche die drei von den fünf Ereignissen aus und erläutere jeweils in einem Satz, welche Bedeutung sie für die Entwicklung der Teilung Deutschlands hatten.
3. Schreibe auf der Basis der fünf Ereignisse eine kleine Geschichte der Teilung Deutschlands.

Zuweilen ergeben sich auch Möglichkeiten, ausgehend von einem gemeinsamen Material Stufungen von geschlossenen, halboffenen und offenen Aufgabenstellungen zu entwickeln (hier einer Collage aus Fotos und Begriffen, s. Abb. 9). Hier gelingt es, eine binnendifferenzierte Lernkontrolle/Kompetenzüberprüfung durchzuführen, indem nach Leistungsvermögen unterschieden wird:

- Aufgabe a) erfordert eine schlichte Form der Analysekompetenz.
- Aufgabe b) eine solche, die den historischen Kontext mit einbezieht.
- Aufgabe c) weist mit der Operationalisierung „Erläutern" auf ein Sachurteil hin.

Eine weitere Variante der Aufgabendifferenzierung sind **Wahlaufgaben**. Sie wurden zwar schon im Rahmen von Fächer- und Blütenaufgaben sowie bei Aufgabenpools erwähnt, dienen dort aber hauptsächlich der Niveaudifferenzierung.

Nunmehr geht es darum, sie primär für unterschiedliche Lernwege zu nutzen sowie verschiedene Lerntypen anzusprechen. Schülerinnen und Schülern wird – meistens in Phasen der Vertiefung, seltener in solchen der Erarbeitung eines historischen Gegenstandes – die Möglichkeit gegeben, aus zwei oder drei Vertie-

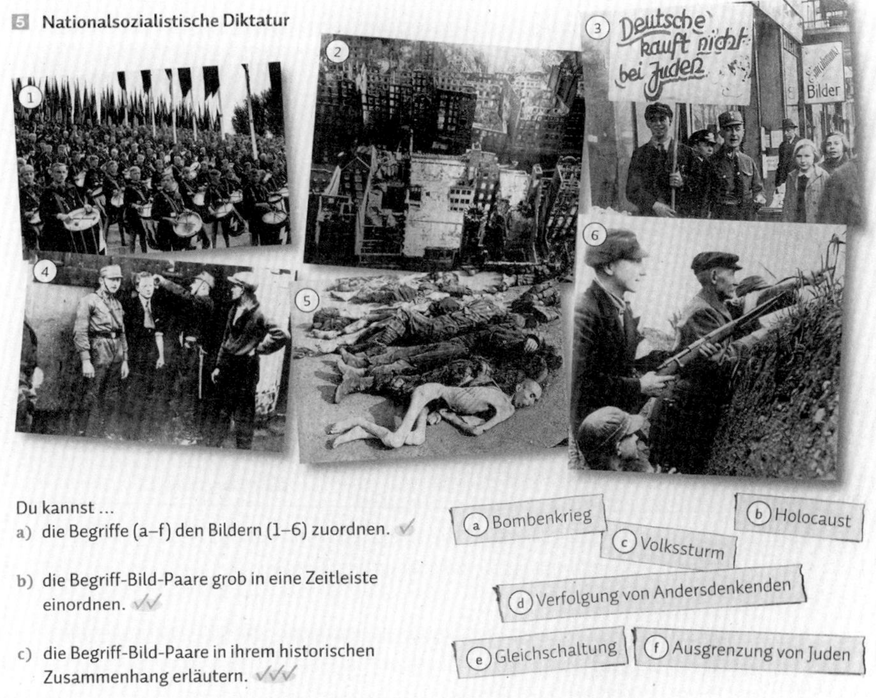

Abb. 9: Beispiel für eine gestufte Aufgabenstellung (aus: Denk/Mal 4, Ausgabe Hessen, 2013, S. 89)

fungs-, Erweiterungsaufgaben eine auszuwählen, die am ehesten ihren Stärken und/oder Neigungen entspricht. Bei ihrer Konstruktion sollte beachtet werden, besonders solche Lernwege vorzuschlagen, die dazu geeignet sind, eigene – wenn auch begrenzte – Geschichten zu erzählen, also auf die Entwicklung narrativer Kompetenz abzielen.

Zwei Faktoren sind zu berücksichtigen:

- Die Wahlmöglichkeiten sollten so angelegt sein, dass sie einen in etwa gleichen zeitlichen Aufwand beanspruchen, es sei denn, Lernenden wird über den Arbeitsauftrag vermittelt, dass ein kleinerer oder größerer Anteil zur Lösung über die häusliche Weiterarbeit geleistet werden muss. (Sie sind insofern grundsätzlich auch sinnvolle Hausaufgaben): Eine Mind-Map ist schneller entworfen als ein Tabu-Spiel; ein fiktives historisches Interview ist aufwendiger als das Schreiben einer kleinen Chronik.
- Es sollte darauf geachtet werden, dass das Angebot, unterschiedliche Lernwege wählen zu können, die Vielfalt möglicher Formen spiegelt: Schreiben, Visualisieren, Strukturieren, Spielen lässt sich auf sehr viele Arten und Weisen realisieren. Es müssen nicht immer nur der Perspektivenwechsel, die Sprechblasen bei einem Bild, die Mind-Map oder das Rollenspiel sein. Je häufiger Alternativen angeboten werden, umso eher können Lernende ihre Fähigkeiten ausprobieren und ihre Stärken erkennen. Hinzu kommt, dass dadurch bessere Chancen bestehen, zu enge Lernroutinen zu vermeiden: Ich mache am liebsten ... ein Protokoll, einen Lückentext, eine Wandzeitung.

Beispiele Wahlaufgaben

Wähle eine Aufgabe aus.

Das römische Klientelverhältnis (Vertiefung des Themas familia)

Nenne Vor- und Nachteile:

a) aus Sicht des Patrons.

b) aus Sicht des Klienten.

Funktion: Perspektiven erkennen

Lehnswesen im Mittelalter (Bilder aus dem Sachsenspiegel, in nahezu jedem Geschichtsbuch enthalten) (Veranschaulichung des Themas)

a) Schreibe einen Dialog für die abgebildete Handlung.

b) Kopiere das Bild und füge Sprechblasen ein.

Funktion: Varianten der Erläuterung auf unterschiedlichen Niveaustufen.

Städtegründungen im Mittelalter (die meisten Geschichtsbücher enthalten eine schriftliche Quelle zur Stadtgründung) (Vertiefung des Themas)

a) Ein höriger Bauer hat von der Ankündigung gehört. Schreibe auf, was ihm durch den Kopf gehen könnte.

b) Fertigt ein Plakat an, das der Stadtherr an den Stadttoren aufhängen lässt, um neue Bürger zu gewinnen. Aufgepasst: die Meisten konnten nicht lesen.
Funktion: Neigungsdifferenzierung

Französischer Absolutismus
a) Lege eine Tabelle an, in der du die Faktoren der Machtbasis Ludwigs XIV. einträgst und beschreibst.
b) Fertige ein Schaubild an, das die Macht des „Sonnenkönigs" darstellt.
Funktion: Lernwegedifferenzierung

Französische Revolution (Vertiefung der Ursachen)
a) Liste die zentralen Beschwerden der Bauern auf.
b) Verfasse aus Sicht des Königs ein Antwortschreiben an die Bauern.
Funktion: Niveaudifferenzierung

Marxismus (Veranschaulichung/Vertiefung der Vorstellungen von Karl Marx)
a) Karl Marx skizziert seine Auffassung in einer kurzen Rede.
b) Ein Unternehmer nimmt in einem kurzen Brief Stellung zu den Ideen von Marx.

Funktion: Perspektiven übernehmen

So kann es gelingen	**Unbeabsichtigte Nebenwirkungen**
▸ Lernende erkennen, dass ihre unterschiedlichen Interessen, Motivationen und Lernmöglichkeiten (Niveaus) positiv wahrgenommen werden. ▸ Sie können sich an unterschiedlichen Aufgabenanforderungen ohne Sanktionen der Lehrkraft erproben. ▸ Sie können auf Dauer ein realistisches Bild ihrer Stärken und Schwächen entwickeln (Lerntyp, Lernwege). ▸ Sie können auf dieser Basis risikofrei andere Lernwege/Niveaus testen. ▸ Sie können einzuschätzen lernen, welche Möglichkeiten sie haben, um auf ihre Schwächen zu reagieren.	▸ Lernende können Wahlmöglichkeiten für ihren Lernprozess nicht ernst nehmen. ▸ Sie können sich stigmatisiert fühlen (ich kann immer nur die einfachen Aufgaben lösen; mir werden immer nur die schlichten Aufgaben zugewiesen). ▸ Sie können sich generell unter- bzw. überfordern. ▸ Sie können Herausforderungen ausweichen (ich habe heute und morgen mal keine Lust). ▸ Sie können sich auf einmal erprobte Lernwege festlegen (positiv erfahrene Lernroutinen).

3.1.4 Zusatzaufgaben

Manche Lerner bearbeiten ihr Pflicht- und ggf. ihr Wahlprogramm sehr zügig, andere benötigen mehr Zeit zur Bewältigung ihrer Aufgaben. Unterschiedliche Lerntempi sind der unterrichtliche Normalfall und sollten demzufolge auch so behandelt werden: Im Rahmen einer insgesamt begrenzten Lernzeit sollen möglichst viele, wenn nicht alle ihre Aufgaben bearbeiten können. Für die schnelleren Schülerinnen und Schüler können Zusatzaufgaben gestellt werden, für deren Konstruktion besondere Regeln gelten sollten.

Oftmals können zusätzliche Aufgaben bereits einem vorliegenden Aufgabenset entnommen werden. Die Lehrkraft kann, wenn bspw. Wahlaufgaben angeboten wurden, die nicht gewählte zusätzlich bearbeiten lassen. Damit ist aber ein Faktor angesprochen, der die Arbeit mit Zusatzaufgaben problematisch machen kann – die Motivation der Lernenden. Die meisten von ihnen werden wenig begeistert sein, sich erneut mit Arbeit zu belasten, statt z. B. ihre Hausaufgaben beginnen zu dürfen oder mit dem ebenfalls fertigen Tischnachbarn „Schiffe versenken" zu spielen. Im Wiederholungsfall würden sie eher langsamer arbeiten.

Insofern sind Zusatzaufgaben so zu gestalten, dass sie motivationale Anreize bieten, sich zwar weiter mit dem Thema zu beschäftigen, dies aber auf lustvolle Weise tun zu können. Darüber hinaus ist zu überlegen, inwieweit die Ergebnisse von Zusatzaufgaben für die übrigen Mitglieder der Lerngruppe zugänglich gemacht werden sollen, damit in gewisser Weise öffentlich gewürdigt werden, oder lediglich im Dialog mit der Lehrkraft besprochen werden – eine Entscheidung, die wie an konkreten Beispielen gezeigt wird, von Fall zu Fall zu treffen ist. Drittens ist zu bedenken, dass einige Zusatzaufgaben kaum größeren Arbeitsaufwand seitens der Lehrkräfte erfordern, andere erheblichen, und schließlich bedürfen einige Formen eine räumlich-technische Ausstattung (Leseecke, Netzzugang) die nicht immer gegeben und möglicherweise auch nicht zu realisieren ist.

Die vom Aufwand her schlichteste, aber viele Lernende sehr motivierende, Zusatzaufgabe ist die Erstellung von Rätseln zu dem gerade behandelten Unterrichtsthema. Sie können zudem problemlos und sinnvoll zugleich für das weitere Unterrichtsgeschehen eingebracht werden: Ein bereits noch in der Stunde angefertigtes, im Regelfall aber zu Hause vollendetes oder optisch ansprechend gestaltetes, Rätsel kann für alle kopiert und als wiederholender Einstieg in die nächste Lektion genutzt werden.

Als solche Rätsel kommen infrage:

- Kreuzworträtsel: Im Gegensatz zu Profivariationen reichen relativ lose Verknüpfungen von Buchstabenkästen und eine begrenzte Zahl von Aufgaben aus.

B

Beispiel Kreuzworträtsel zum Vormärz

1. Professoren der Göttinger Universität wurden wegen ihrer freiheitlichen Bestrebungen entlassen. Zu ihnen gehörte ein berühmtes Brüderpaar. (→ Grimm)
2. Durch welche zweite Großmacht neben Österreich wurde der Deutsche Bund kontrolliert? (→ Preussen)
3. Auf einem großen Volksfest wurden 1832 Forderungen nach Freiheit und Einheit formuliert. Wo fand es statt? (→ Hambach)
4. 15 Jahre vorher fand eine ähnliche Kundgebung statt, an der vor allem Studenten teilnahmen. Nenne den Ort. (→ Wartburg)
5. Wie wird der Zeitraum vor Beginn der 1848er-Revolution genannt? (→ Vormärz)
6. Mit den Karlsbader Beschlüssen von 1819 wurde kontrolliert, was u. a. in Zeitungen, Büchern und Flugschriften stehen durfte. Wie lautet der Fachbegriff für diese Eingriffe? (→ Zensur)
7. In welcher Stadt trafen sich 1848 die Abgeordneten der Nationalversammlung? (→ Frankfurt)
   An welchem Ort tagten sie? (→ Paulskirche)

Trage die Antworten in die dazugehörigen Felder ein. Aus den besonders hervorgehobenen Kästchen lässt sich eine zentrale Forderung des Vormärz ermitteln. (→ Einheit)

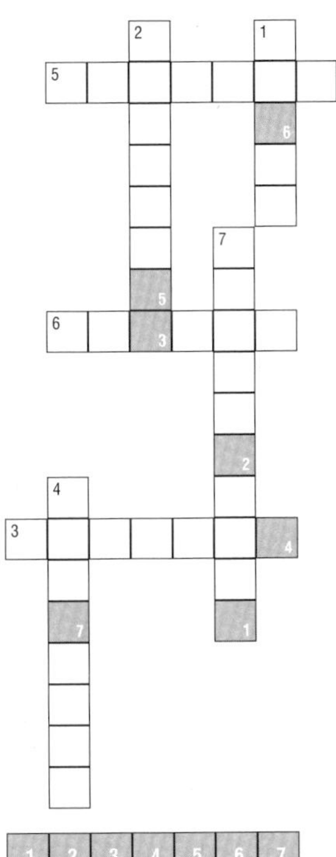

- Silbenrätsel: Aus alphabetisch angeordneten, vermischten Silben müssen zentrale Begriffe oder Ereignisse zusammengesetzt werden, wobei es ebenfalls um eine begrenzte Anzahl gehen soll.

B

Beispiel Silbenrätsel Industrialisierung

Berg – bahn – baum – dampf – ei – ein – eng – er – fak – land – le – le- ma – ma – mer – ne – neh – nuern – nu – pro – ri – schi – sen – ta – ter – tur – un – ver- wol – zoll.

1. Das Land, in dem sie begann. (→ England)
2. Die erste Eisenbahn in Deutschland fuhr von … nach Fürth. (→ Nuernberg)
3. Eine der wichtigsten Erfindungen der Industrialisierung war die … (→ Dampfmaschine)
4. Bevor Fabriken entstanden, fand die gewerbliche Arbeit in einer … statt. (→ Manufaktur)
5. Die Industrialisierung in England ging von einem entscheidenden Grundstoff aus. (→ Baumwolle)
6. In Deutschland fehlte ein Staatsgebiet. Durch den … wurde ein einheitlicher Handel günstiger. (→ Zollverein)
7. Für die Verbindung der neu entstehenden Industriezentren wurde ein Verkehrsmittel besonders wichtig. (→ Eisenbahn)
8. Durch die Industrialisierung entstanden zwei neue Schichten/Klassen. (→ Unternehmer, Proletarier)

1 ______________________________

2 ______________________________

3 ______________________________

4 ______________________________

5 ______________________________

6 ______________________________

7 ______________________________

8 ______________________________

- Gitterrätsel: In einem Quadrat sind Gitternetze eingezeichnet, die jeweils Buchstaben enthalten. In dieser Anordnung sind waagerecht, senkrecht und diagonal wiederum zentrale Begriffe oder Ereignisse versteckt.

B

Beispiel Gitterrätsel Deutsches Kaiserreich

In diesem Gitterrätsel sind zehn Begriffe und Personen versteckt.
Finde sie und schreibe sie heraus.
Falls noch Zeit bleibt: Erläutere zwei von ihnen.

S	A	L	L	S	O	P	F	T	Z	U	J	B	V	S	Q	B	E	N	B
H	L	B	U	E	N	D	N	I	S	S	Y	S	T	E	M	J	N	X	V
H	F	I	D	R	N	X	B	U	Z	P	N	M	V	B	E	T	A	T	Z
F	G	S	C	X	D	E	G	Q	A	B	N	I	O	P	L	N	B	C	X
S	D	M	O	N	A	R	C	H	I	E	T	B	X	V	T	R	P	N	Q
C	V	A	E	T	F	X	D	S	X	O	P	J	U	E	B	N	K	G	V
C	P	R	E	U	S	S	E	N	Z	R	D	S	S	R	V	Z	U	X	D
S	K	C	L	M	O	G	P	O	Y	E	R	E	V	F	P	B	L	C	T
C	V	K	C	F	G	Z	T	L	K	N	G	B	T	A	C	S	T	G	T
F	T	R	L	X	N	B	M	O	K	N	L	J	N	S	B	Z	U	B	N
Z	T	E	D	G	I	K	H	I	E	H	U	R	F	S	B	N	R	H	U
S	R	T	F	S	H	Q	S	T	M	N	B	Z	S	U	B	U	K	V	Z
T	X	T	Y	Q	M	I	S	B	U	Z	T	V	S	N	P	L	A	V	T
D	N	M	Z	W	E	I	B	U	N	D	H	U	R	G	V	T	M	S	B
V	Z	T	B	O	P	L	K	B	V	R	T	S	Z	U	S	A	P	B	U
J	I	S	K	A	I	S	E	R	K	L	R	T	N	R	T	S	F	C	X
T	Z	V	I	V	T	R	E	G	S	K	O	L	P	V	G	R	T	X	S
V	O	Z	G	T	R	E	D	S	O	P	J	N	M	L	B	H	N	G	D
S	O	V	Z	F	N	H	U	S	P	M	K	O	L	O	N	I	E	N	H
S	G	T	Z	N	B	V	G	R	E	S	T	Q	A	O	P	K	M	L	S

Es müssen aber nicht immer nur Rätsel sein. Auch Lückentexte, Lügengeschichten oder Strukturbilder erfüllen denselben Zweck und können gleichermaßen unterrichtlich verwendet sowie von den Lernern als Würdigung ihrer zusätzlichen Leistung begriffen werden – vor allem dann, wenn sie diese selbst entwickelt haben.

Einige Geschichtsbücher der neuesten Generation bieten audiovisuelle Zusatzmaterialien, z.T. mit Aufgabenstellungen, im Netz an: Filmclips, Kartenanimationen, 3-D-Modelle, Tonquellen, Hörstücke und virtuelle Rundgänge in Museen oder Archiven. Diese sinnvollen Zusatzaufgaben bedürfen aber gewisser technischer Voraussetzungen (Internetzugang im Klassenraum), was in eher seltenen Fällen gewährleistet ist.

Nahezu alle Geschichtsbücher enthalten zu den jeweiligen Großthemen und zu einzelnen Themen Lese- und Internettipps sowie manchmal auch Filmtipps – im Prinzip sinnvolle Materialien für Zusatzaufgaben. Neben den räumlich-technischen Voraussetzungen ist hier ein anderes Problem grundlegender: Zusatzaufgaben sind nur anhand von Ausschnitten sinnvoll. Alle genannten Angebote genügen diesem Anspruch nicht, das heißt sie beziehen sich in der Regel auf das Material als Ganzes (Film, Jugendbuch, Website). Hilfestellungen im Sinn didaktisierter Vorschläge für Zusatzaufgaben bieten Fachzeitschriften wie *Geschichte lernen* oder *Praxis Geschichte* in einschlägigen Themenheften an (*Geschichte lernen* darüber hinaus bezogen auf Jugendbücher in vielen inhaltlichen Themenheften als Unterrichtstipp). Dennoch kann das Reservoir nur dann ausgeschöpft werden, wenn über einen längeren Zeitraum und in Kooperation mit Fachkolleg(inn)en nach und nach eine Sammlung von unterrichtserprobten Zusatzaufgaben entsteht – ansonsten ist die Anforderung für eine einzelne Lehrkraft zu hoch. Für Rätsel diverser Art – nicht nur für die hier vorgestellten Varianten – gibt es allerdings eine Reihe von Angeboten verschiedener Verlage (z. B. Behrndt/Hoffmann 2009; Höhn 2010).

Fazit: Es lohnt sich, spannende und motivierende Zusatzaufgaben in petto zu haben, weil Schülerinnen und Schüler sich dann – im Idealfall – freuen, kreativ und spielerisch ein Thema zu vertiefen, es zu veranschaulichen oder – für alle – zu festigen.

3.2 Materialdifferenzierung

Eine Differenzierung mit Aufgaben bezieht sich in der Regel auf identische Ausgangsmaterialien. Diese selbst – das ist der Kerngedanke des folgenden Kapitels – könnten jedoch Anlass geben, darüber nachzudenken, ob sie als Basismedium geeignet sind, das gemeinsame Lernziel (Fundamentum) und den Mindeststandard an (Teil-)Kompetenzen zu erreichen. Das ist die eine Seite der Medaille. Es kann aber auch vorkommen, dass das Ausgangsmaterial so beschaffen ist, dass es den Interessierteren und leistungsmäßig Besseren zu wenige Herausforderungen bietet, sie also unterfordert. Auch für diesen Fall sollten Alternativen angeboten werden.

Insofern macht es Sinn, für einen binnendifferenzierten Geschichtsunterricht nach Möglichkeiten zu suchen, Unter- oder Überforderungen durch geeignete Auswahl von Materialien gegenzusteuern.

Welche Materialien sind für historisches Lernen konstitutiv? In erster Linie sind dies – so das Paradigma seit den 1970er-Jahren – Quellen. Ein quellenorientierter Geschichtsunterricht soll den Schülerinnen und Schülern verdeutlichen, dass sie wie andere an historischer Aufklärung Interessierte – seien es Wissenschaftler, Fachjournalisten oder Hobbyforscher – nur über sie Aussagen über das Vergangene ermitteln können. Das führte in der Konzeption von Schulbüchern dazu, dass im Extremfall nicht nur quellenorientierter, sondern ausschließlich quellenbasierter Geschichtsunterricht propagiert wurde. (So das Geschichtsbuch *Fragen an die Geschichte*.) Was sich nicht als tauglich für die Lernenden erwies, weil ihnen orientierende historische Prozesse (zeitliche Zusammenfassungen) oder strukturelle Hilfen (was macht den Kern einer Epoche oder Teile davon aus) fehlten.

Diese Quellen waren und sind vor allem schriftliche und visuelle. Gegenständliche waren und sind zwar nicht irrelevant, aber für den Geschichtsunterricht angesichts ihrer (geringen) Verfügbarkeit eher für die neuere und neuste Zeitgeschichte einsetzbar. Hier haben Zeitungen, Münzen, Briefmarken, Gegenstände aus dem lebensweltlichen Alltag wie Kleidung, Möbel, Geschirr etc. einen wichtigen Stellenwert. Für frühere geschichtliche Epochen liegen sie bestenfalls als Replikate und Modelle vor: Museumskoffer für die Steinzeit, Rekonstruktionen von mittelalterlichen Burgen, visuelle Erkundungen des Kölner Doms bis hin zu Angeboten von Playmobil. Andere Rekonstruktionserfahrungen realer Natur sind aufwendig, wie Besuche von historischen Stätten oder Museen.

Daraus folgt keineswegs die Konsequenz, Virtuelles, modellhaft Rekonstruiertes oder Fiktionales aus dem Unterricht auszuschließen, sondern es hereinzuholen, um die Konstruktionsprinzipien zu dekonstruieren. Konkret, am Beispiel des fiktionalen Mediums Film: Wie stellen sich Autoren und Regisseure das Leben in der Steinzeit oder in einem Dorf des 19. Jahrhunderts vor? Was beruht auf Fakten, was nicht und warum?

Richtet man den Fokus auf den alltäglichen Geschichtsunterricht auf der Basis des Geschichtsbuchs oder vorgefertigter Unterrichtsmaterialien, kann von einer erstaunlichen Vielfalt an Materialien ausgegangen werden.

Materialien

- *Schaubilder*: Sie zeigen einen Zustand an, der im Prinzip eine historische Epoche abbildet: Gesellschaft im Alten Ägypten, Lehnswesen, Absolutismus. Eine neuere Variante sind Mind-Maps. Z. B.: Was zeichnet die ägyptische Hochkultur oder das römische Klientelverhältnis aus?
- *Strukturskizzen*: Zeigen einen Funktionszusammenhang auf, der einen Prozess oder eine Wechselwirkung aufzeigen möchte: Grundherrschaft im Mittelalter, Verfassungsschemata, Marshall-Plan. Die Abgrenzung zum Schaubild ist zuweilen schwierig.
- *Statistiken*: Dokumentieren einen kleineren oder größeren historischen Entwicklungsprozess in tabellarischer Form: Industrialisierung in Europa, demo-

grafische Entwicklung zwischen 1950 und 2000, Wahlergebnisse in der Weimarer Republik. Statistiken können auch optisch anders gestaltet werden; dann verändern sie sich zu

- *Diagramme*: Diese zeigen in unterschiedlicher Form – z. B. als Torten-, Säulen- oder Fließdiagramm – Zustände zu unterschiedlichen Zeiten an. Die wohl meist verbreiteten sind solche, die den Anteil von Parteien bei Wahlen dokumentieren und damit Vergleiche über Jahrzehnte ermöglichen: Parteien und Bundestagswahlen.
- *Faksimiles*: Hier kann es sich z. B. um mittelalterliche Urkunden handeln, viel verbreiteter sind sie für die neuere und neueste/Zeitgeschichte, weil wir dort über Zeitungen und Journale verfügen.
- *Karten*: Zu unterscheiden sind *Geschichtskarten* von *historischen Karten*. Geschichtskarten sind heutige Rekonstruktionen von Zuständen (Topografie des antiken Griechenland) oder Prozessen (Flucht und Vertreibung nach 1945). Historische Karten sind zeitgenössische Dokumente einer bestimmten Weltsicht zu bestimmten Zeiten (z. B. für die Fahrten des Kolumbus frühneuzeitliche Weltkarten).
- *Bilder*: Sie werden hier bewusst von Schaubildern, Strukturskizzen und Diagrammen abgesetzt. Es kann sich (ohne Anspruch auf Vollständigkeit) um Fotos, Filme bzw. Filmausschnitte, Plakate, Comics, Karikaturen, Rekonstruktionszeichnungen handeln, die allesamt ein wichtiges Potenzial für historisches Lernen enthalten.
- *Texte*: Sie sind das Leitmedium historischen Lernens und liegen den Schülerinnen und Schülern in sehr verschiedenen Variationen vor: als Quellen von Zeitgenossen und als Darstellungen von Historikern, Journalisten oder z. B. von Leserbriefschreibern (wiederum ohne Vollständigkeit anzustreben). Für den alltäglichen Geschichtsunterricht ist eine Textform allerdings besonders interessant, nämlich die, die den Schülerinnen und Schülern in Form von Verfassertexten in Schulbüchern begegnet. Eine Unterscheidung nach Quellen oder Darstellungen hat freilich Tücken: Viele schriftliche „Quellen" zur antiken griechischen und römischen Geschichte sind streng genommen Darstellungen, weil sie weder zeitgenössisch oder zeitnah produziert wurden – was angesichts fehlender bzw. nur sporadisch vorfindbarer zeitgenössischer Aussagen sowohl in der Wissenschaft als auch im Schulbuch vernachlässigt wird. Zeitzeugenaussagen sind ebenfalls nur bedingt als Quellen zu bezeichnen: Uneingeschränkt gilt dies lediglich für protokollierte Berichte (z. B. solche aus Kreisen der Sicherheitsdienste über Kommentare von Bürgern über die Novemberpogrome gegen Jüdinnen und Juden 1938), wobei selbst dabei zu unterscheiden ist, ob es sich um Augenzeugen handelt, also von Personen, die vor Ort die Zerstörung von Synagogen beobachtet haben, oder um Zeitzeugen, die zwar selbst nicht vor Ort waren, aber davon gehört und sich möglicherweise am nächsten Tag einen Überblick über das Geschehen verschafft haben. Augen- oder Zeitzeugenaussagen müssen darüber hinaus darauf

> überprüft werden, wann sie verfasst wurden: Sind sie in einem deutlichen Abstand zum Ereignis aufgeschrieben worden, was für sehr viele gilt, sind sie eher als Darstellung zu werten. Das mag pedantisch klingen, ist es bezogen auf die Interpretation ihrer Intentionen allerdings ganz und gar nicht: Wenn ein Zeitzeuge/eine Zeitzeugin sich entschließt, ihre Erinnerungen mit erheblichem Zeitabstand aufzuschreiben/zu publizieren, sind diese notwendigerweise geprägt durch eigene Intentionen, die Erwartungshaltung des Publikums, den gesellschaftlichen und wissenschaftlichen Diskurs etc. (z.B. zu den Pogromen 1938), mithin gefiltert durch Einflüsse, die sich zeitnah nicht in vergleichbarer Form auf die Darstellung ausgewirkt hätten – dafür wieder andere. Ein letztes Beispiel: Eine zeitgenössische Titelgeschichte des SPIEGEL oder der ZEIT zum Vietnamkrieg ist eine Darstellung, also eine bestimmte Sichtweise, die die Redakteure auf der Basis ausgewerteter Quellen vorgenommen haben. Beide Storys könnten 30 oder 50 Jahre später zu Quellen mutieren, wenn sich ein Wissenschaftler die Frage stellt, wie deutsche politische Magazine in einem bestimmten Zeitraum über den Vietnam-Krieg berichtet haben. Dieser Exkurs, der in ähnlicher Form auch für „Bildquellen" möglich wäre, sollte für einen Problembereich sensibilisieren, der zwar nicht in Gänze, aber doch im Einzelfall den Geschichtsunterricht betrifft, also vornehmlich den *Lehrkräften* präsent sein sollte.

Ein Geschichtsunterricht aus dem Blickwinkel der *Materialdifferenzierung* stellt die Frage, wie es gelingen kann, angesichts von Vielfalt, Komplexitätsgrad, Zugängen oder Motivationen ertragreiches historisches Lernen zu ermöglichen, bzw. welche Hürden abgebaut werden müssen, damit es gelingt.

Das bedeutet zwar nicht die Abkehr vom quellenorientierten Geschichtsunterricht – die Fallstricke gibt es auch bei anderen Materialien –, wohl aber dessen Relativierung.

Im Übrigen ist mit Blick auf die Geschichtsbücher oder vorgefertigte Unterrichtsmaterialien seit langem auf eine *bereits ständig praktizierte* oder eine unterschwellig geduldete Praxis zu verweisen. Dort finden wir häufig keineswegs schriftliche Quellen, sondern Quellenzitate, die erstens lediglich dazu dienen, über einen entsprechenden Arbeitsauftrag Informationen zu vermitteln, folglich nicht quellenkritisch interpretiert zu werden, und zweitens in einer Form vorliegen, die durch zahlreiche Auslassungen und sprachliche Vereinfachungen gekennzeichnet sind.

Beispiel: die Bedeutung des Königreichs Westphalen für die deutsche Geschichte

Schülerinnen und Schüler der Jahrgangsstufen 7–8 sollen sich mit Modernisierungsansätzen in einem Staat befassen, der im Rahmen der napoleonischen Expansionspolitik erobert und besetzt wurde und zwischen 1807 und 1813 existierte. Er sollte Modell eines erfolgreichen bürgerlichen Staates sein. 1809 wurde die Gewerbefreiheit eingeführt, was bedeutete, dass Zünfte aufgelöst und Manufakturen bislang übliche Privilegien entzogen wurden. Zur Ausübung eines Gewerbes sollte lediglich dessen Anmeldung und die Entrichtung einer Patentsteuer ausreichen. Dies führte zu Protesten, hier dokumentiert durch ein Schreiben der Zünfte.

Zünfte und Patentsteuer

Soll jeder, der in einer Stadt oder auf dem platten Land wohnt, gegen Entgelt einer Patentsteuer treiben und hantieren dürfen, was ihn gelüstet, er mag dazu ausgebildet sein oder nicht? [...] So entsteht die Frage, von welchem Einfluss die Auflösung der Zünfte auf das Wohl des Ganzen sein würde. [...]

Da, wo man vorher [= vor Gründung der Zünfte] nur ungeschickte und daher auch armselige Pfuscher fand, findet man seit der Zeit geschickte und deswegen auch wohlhabende Handwerker. [...]

Anfangs griff wie gewöhnlich das Publikum begierig nach allem, was neu war. Kaum aber entdeckte es die Unechtheit der Farben, das nicht getroffene Maß, den fehlerhaften Schnitt – so kehrte es ihm auch den Rücken. Aber zu spät, denn der unreife Arbeiter war seitdem mit Frau und Kind ansässig geworden, und von dieser Zeit an fiel er dem Staat und seinen Mitbürgern durch Schuldenmachen und Bettelei zur Last. [...]

(Quelle: Berlin, Geheimes Staatsarchiv Preußischer Kulturbesitz, V. HA, Rep. 6 III D, Nr. 19; sprachlich vereinfacht.)

Der inhaltlich ohnehin schon gestraffte, sprachlich vereinfachte und an einer Stelle begrifflich erläuterte Text bräuchte vermutlich noch weitere „Lesehilfen", um ein Verständnis zu sichern: Dass mit „Publikum" Kunden gemeint und „unfertige" Arbeiter mit unqualifiziert übersetzt werden muss, dürfte sich nicht jedem erschließen.

Nun geht es nicht darum, auf diese oder ähnliche Quellenzitate im Unterricht zu verzichten, denn einige Lernende werden die Herausforderung annehmen, vielleicht sogar Spaß dabei haben, es zu analysieren und zu interpretieren; andere bedürften o. g. Zusatzerläuterungen (siehe Kap. Lernhilfen). Schließlich wird es aber auch solche geben, die sich überfordert fühlen oder sehr schnell aufgeben. Ihnen könnte eine andere Materialgrundlage gegeben werden, die auch ihnen ermöglicht, das inhaltliche Fundamentum zu erreichen, nämlich die Einsicht, dass die Zünfte die Gewerbefreiheit ablehnen, weil sie schlechtere Qualität der Waren befürchten, wodurch die neuen Gewerbetreibenden verarmen und der Gemeinschaft zur Last fallen (Analysekompetenz). Dass die Zünfte darüber hinaus kein Interesse haben, eine Konkurrenz zuzulassen, lässt sich als ihr Hauptinteresse ableiten (Interpretationskompetenz). Als alternatives Material könnte ein Sachtext dienen:

Beispiel Sachtext

In den Städten waren die Handwerker in Zünften organisiert. Die Zunft kontrollierte Qualität und Preise der Produkte, aber auch, wer neu aufgenommen wurde. Damit schützten sie sich gegen zu große Konkurrenz und sicherten sich zugleich ein sicheres Einkommen.
1809 sollte im Königreich Westphalen die Gewerbefreiheit eingeführt werden. Das bedeutete, dass z. B. jemand, der das Bäckerhandwerk betreiben wollte, nur noch eine bestimmte Abgabe (Patentsteuer) an die entsprechende Behörde leisten musste. Die Zünfte hätten dadurch ihre Privilegien verloren. Dagegen wehrten sie sich in einem Protestschreiben. Sie befürchteten, dass die Kunden zwar begierig die neuen Waren kaufen, aber sehr bald deren Minderwertigkeit erkennen würden. Da die neuen, unqualifizierten Arbeiter aber nun in den Städten ansässig waren und Familien gegründet hatten, würden sie bei zunehmender Verarmung der Gemeinschaft zur Last fallen.

Bedeutet dies den grundsätzlichen Verzicht auf Quellenauszüge für weniger motivierte oder leistungsschwächere Schülerinnen und Schüler? Ganz und gar nicht, denn es gibt in großer Anzahl schriftliche Quellen, die weniger begrifflich anspruchsvoll und inhaltlich voraussetzungsreich sind, sondern erzählender, anschaulicher Natur sind, folglich auch stärker in den Horizont sehr vieler Lernender rücken können.

Das zweite Beispiel verdeutlicht eine Materialdifferenzierung bezogen auf Strukturskizzen. Wie weiter oben erwähnt, versuchen sie historische Grundstrukturen, Prozesse und Funktionsweisen sozusagen visuell auf den Punkt zu bringen. Insofern erhoffen sich Schulbuchautorinnen und -autoren eine bessere Verankerung solcher komplexen Merkmale von Verfassungen, Wirtschaftsweisen wie etwa den Merkantilismus oder Verträge, als durch die bloße Lektüre gewährleistet werden kann – ein schwieriges Unterfangen. Die Frage lautet nämlich, wie viel Komplexität eingefangen werden muss, damit die Skizze inhaltlich/fachlich korrekt ist und welche Reduzierungen notwendig sein müssen bzw. zulässig sind, damit sie für Lernende anschlussfähig bleibt – eine Gratwanderung.

Das folgende Beispiel thematisiert die „Verfassung" der römischen res publica zunächst in einer Variante aus einem Geschichtsbuch für den Anfangsunterricht im Gymnasium und in Gesamtschulen (s. Abb. 10, S. 84). Die Römer besaßen keine geschriebene Verfassung, insofern ist die Strukturskizze zu Zeiten der Republik ohnehin ein Konstrukt. Bezogen auf die vorliegende Skizze, sollen die Schülerinnen und Schüler erklären – so die Arbeitsaufträge – „wer herrschte, wie die Macht verteilt war und wer den größten Einfluss hatte". Sie ist sehr komplex angelegt. Die Magistrate, obwohl im Verfassertext bereits erklärt, werden nochmals ausführlich mit einbezogen; was die Volksversammlungen (Plural) von der Versammlung der Plebejer unterscheidet, wird letztlich nicht klar; die vielen Pfeile mit unterschiedlicher Beschriftung und Farbgebung verwirren eher, als hilfreich zu sein. Im Übrigen: An welcher Stelle, an welchen Punkten finden die Lernen-

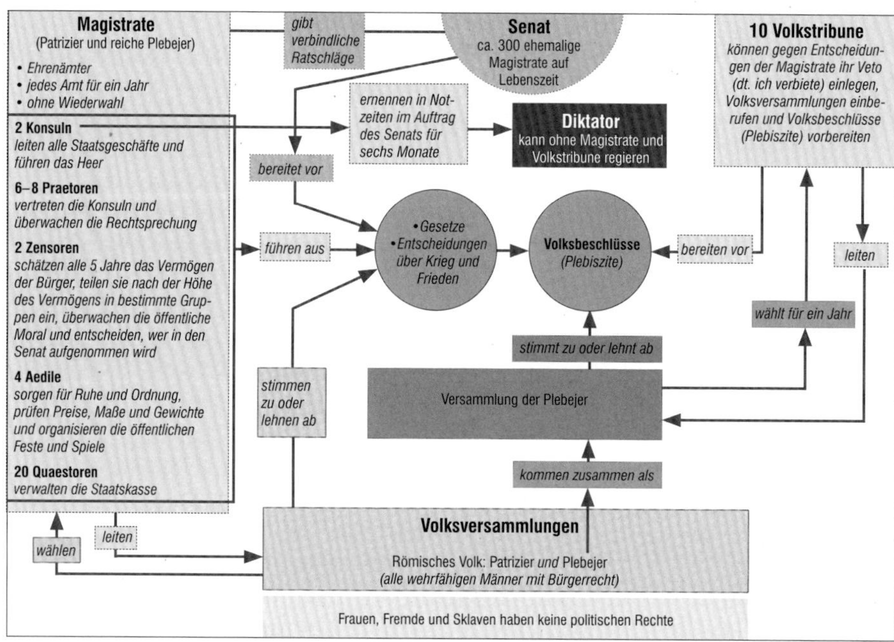

Abb. 10: Strukturskizze zur „Verfassung" der „res publica" (aus: Das waren Zeiten 2, Ausgabe Hessen, 2012, S. 141)

den einen sinnvollen Ausgangspunkt, um die Fragen zu beantworten. Begännen sie – zufällig oder nach Überlegung – mit dem Senat, ließen sich die Fragen leichter beantworten: Er gibt verbindliche Ratschläge an die Magistrate! Eine knifflige Aufgabe, die manche Schülerinnen und Schüler sicherlich herausfordert und motiviert.

Das Fundamentum ist aber im Sinne einer Materialdifferenzierung auch über einen schlichteren Weg zu erreichen, der wahrscheinlich der Mehrheit der Lernenden eher angemessen ist (s. Abb. 11).

Hier erschließt sich sehr viel schneller, dass die Regierung (Magistrate) lediglich Beschlüsse ausführt, die der Senat vorbereitet und mit ihr beraten hat. Im Zusammenhang mit dem Verfassertext ist die Ausgangsfrage nach der Machtverteilung für viele leichter möglich. Dem denkbaren Einwand einer zu starken Reduzierung von Komplexität beugen die Autoren insofern vor, dass sie über einen weiteren Arbeitsauftrag die Lernenden dazu auffordern, die Volkstribune und deren Aufgaben mit in die Skizze einzubeziehen.

Durch diese Differenzierung ist die Voraussetzung dafür gegeben, dass deutlich mehr als die besonders motivierten und leistungsstarken Lernenden den inhaltlichen Kern (das Fundamentum) und die erforderliche (Teil-)Kompetenz als Mindeststandard (Analyse und Interpretation einer Strukturskizze) erreichen können.

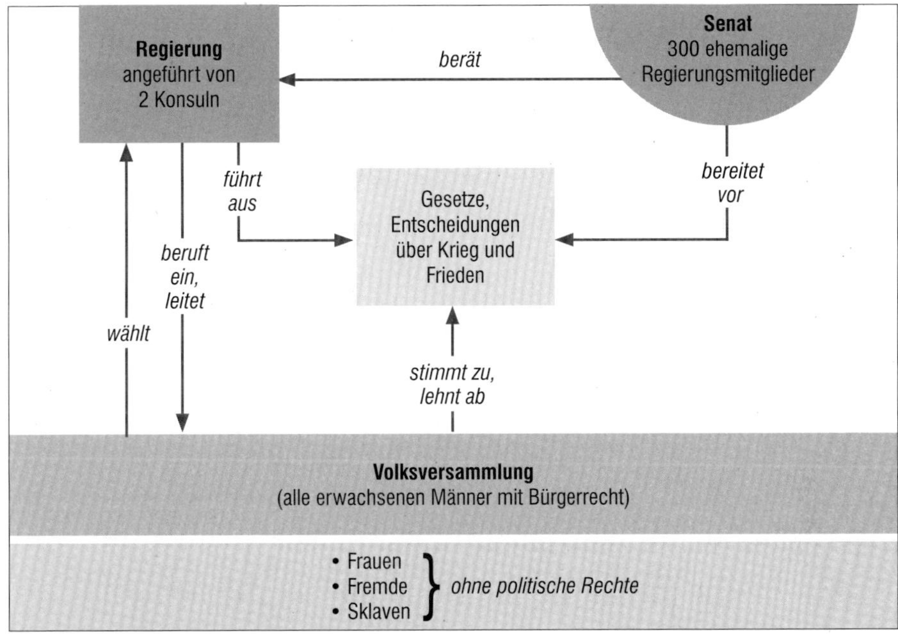

Abb. 11: Vereinfachte Strukturskizze zur „Verfassung" der „res publica" (aus: Geschichte entdecken 1, Ausgabe Nordrhein-Westfalen, 2014, S. 127)

3.2.1 Materialdifferenzierung als Förderung

Eine Materialdifferenzierung unter dem Aspekt der Förderung sucht immer nach alternativen Angeboten, die weniger interessierte, motivierte oder auch leistungsschwächere Lernende in den Prozess historischen Lernens einbinden können. Dies wurde am Beispiel schriftlicher Quellen(-Zitate) und Strukturskizzen exemplifiziert. Im Folgenden soll versucht werden, zunächst Quellen zu identifizieren, die offensichtlich für den Geschichtsunterricht von zentraler Bedeutung sind. Maßstab dafür kann nicht der Blick auf die geschichtswissenschaftliche Forschung sein – dann würde eine Auswahl von vornherein problematisch bis utopisch sein, sondern der Fokus auf solche, die in Geschichtsbüchern abgedruckt werden. Diese gelten für die Autorinnen und Autoren offenkundig als besonders relevant für quellengestütztes historisches Lernen. Dabei geht es ausschließlich um solche, die inhaltlich voraussetzungsreich und/oder komplex sowie sprachlich anspruchsvoll sind.

Die folgenden Beispiele – ermittelt aus einer Durchsicht der zentralen Unterrichtswerke – bedeuten nicht, dass sie in allen Geschichtsbüchern vorkommen, und auch nicht, dass von Fall zu Fall nicht noch andere auftauchen; es geht also nicht um Vollständigkeit.

Auffällig, wenngleich nicht verwunderlich, ist die Tatsache, dass sich sozusagen über die geschichtlichen Epochen hinweg in Vorgeschichte und Antike die wenigsten, in der neuesten und Zeitgeschichte die vergleichsweise meisten finden lassen. Das hat zwei Gründe: Zum einen gibt es für die früheste Zeit nicht sehr viele, und zum anderen gehen die Verfasser von Geschichtsbüchern zurecht davon aus, dass im Anfangsunterricht zum besseren Verständnis auf andere Medien und Materialien zurückgegriffen werden sollte: Erzählungen, Ausschnitte aus Jugendbüchern etc.

Zu welchen Themen bzw. thematischen Aspekten werden schriftliche Quellen angeboten, die im Sinne der Förderung durch alternative Angebote ergänzt werden sollten? Alternative Angebote – daran sei erinnert – müssen nicht notwendigerweise selbst verfasste Sachtexte oder solche aus Sachlexika sein, sondern können u. U. aus Verfassertexten des eingeführten oder eines anderen Geschichtsbuchs generiert werden.

Zentrale schriftliche Quellen für den Geschichtsunterricht	
Antike	**Mittelalter und frühe Neuzeit**
▸ Herrschaft im Alten Ägypten ▸ Gründung griechischer Kolonien ▸ Attische Demokratie ▸ Bedeutung Alexanders des Großen ▸ Zeitgenössische Bewertungen von Caesar und Augustus ▸ Gerechte Kriege	▸ Vita Karls des Großen ▸ Kaiserkrönung in Aachen ▸ Königswahl (Otto d. Gr., Goldene Bulle) ▸ Kaiser oder Papst (Dictatus papae; Wormser Konkordat) ▸ Landesherrschaft: Rechte der Fürsten (Statutum in favore principum) ▸ Ständegesellschaft ▸ Gründungsurkunden von Städten ▸ Aufrufe/Begründung für Kreuzzüge ▸ Luther vor dem Mainzer Hoftag ▸ Luther und die Bauern ▸ 12 Artikel der Bauern ▸ Hexenhammer ▸ Vertrag zwischen Kolumbus und der spanischen Krone
Neuere Geschichte	**Neueste und Zeitgeschichte**
▸ Definition Begriff *Aufklärung* ▸ Gewaltenteilung (Locke, Montesquieu) ▸ Politisches Testament Friedrichs II. ▸ Declaration of Independence ▸ Französische Revolution: Erklärung der Menschen- und Bürgerrechte ▸ Verfassung des Königreichs Westphalen ▸ Bauernbefreiung in Preußen ▸ Karlsbader Beschlüsse ▸ Hambacher Fest	▸ 1918: Rätesystem oder Parlament ▸ Verfassung der Weimarer Republik ▸ Versailler Vertrag ▸ Aufnahme Deutschlands in den Völkerbund ▸ Auszug aus und Erklärungen zum Ermächtigungsgesetz ▸ Nürnberger Gesetze ▸ Deutsch-sowjetischer Nichtangriffsvertrag ▸ Atlantik-Charta

Neuere Geschichte	Neueste und Zeitgeschichte
▸ Grundrechte der Frankfurter Nationalversammlung ▸ Kommunistisches Manifest ▸ Eisenacher/Erfurter Programm der Sozialdemokraten ▸ Motive für Rechtfertigungen von Imperialismus	▸ Flugblätter/Aufrufe des Widerstands gegen den Nationalsozialismus (Weiße Rose; Kreisauer Kreis) ▸ Charta der Vereinten Nationen ▸ Potsdamer Abkommen ▸ Truman-Doktrin ▸ Stalin-Note 1952 ▸ Kuba-Krise 1962 ▸ Egon Bahr: Wandel durch Annäherung (1963) ▸ Regierungserklärung Willy Brandts (1969) ▸ Grundlagenvertrag zwischen BRD und DDR 1972 und Auszüge von anderen Verträgen der neuen Ostpolitik ▸ Zehn Prinzipien der KSZE

Neben den schriftlichen können auch visuelle Quellen Anlass geben, Ausschau nach Alternativen zu suchen, wie das folgende Beispiel bezogen auf Karikaturen zur Stalin-Note aus dem Jahre 1952 verdeutlicht.

Abb. 12: Karikaturen zur Stalin-Note (beide aus: Marienfeld, Wolfgang: Die Geschichte des Deutschlandproblems im Spiegel der politischen Karikatur, Hannover 1991, S. 81, 87)

Die linke Karikatur (s. Abb. 12) ist in einigen Geschichtsbüchern für die Sekundarstufe I abgedruckt. Sie formuliert klar die sowjetischen Angebote, ist aber komplex, denn sie stellt eine Frage und assoziiert, dass sich diese auf der Basis der Karikatur beantworten ließe. Diese Antwort ist allerdings sehr voraussetzungsreich. Sie müsste u.a. interpretieren lassen, dass es zwischen der Bundesregierung und der Bevölkerung unterschiedliche Ansichten gab. Der „Michel" ist mindestens interessiert; Kanzler Adenauer rudert sofort zurück. Das erschließt sich aber nur, wenn den Lernenden klar ist, dass es sich bei der Person auf dem Felsen um Stalin und bei dem Ruderer um den Bundeskanzler handelt, was aus dem unterrichtlichen Zusammenhang deutlich sein müsste. Erheblich schwieriger für Schülerinnen und Schüler sollte aber zu verstehen sein, was dieser Felsen und das Lied bedeuten und für was sie stehen – möglicherweise auch schon, welche Bedeutung der Michel hat.

Die rechte Karikatur (s. Abb. 12) dürfte deutlich anschlussfähiger für Lernende sein – sofern man davon ausgehen kann, dass der heutigen Schülergeneration Märchen durch Vorlesen oder Erzählen zugänglich sind.

Zur Erinnerung: Es geht darum, den inhaltlichen Kern der Stalin-Note analysieren und interpretieren (Fundamentum) und den kompetenzorientierten Mindeststandard (Analyse und Interpretation einer visuellen Quelle = Karikatur) erfüllen zu können. Unter Gesichtspunkten der Förderung ist hier beides gegeben. Man kann unter Aspekten der Forderung sicherlich Erschließungshilfen bereitstellen (siehe Lernhilfen).

Im Übrigen kann eine Materialdifferenzierung auch einen didaktischen Mehrwert bewirken: Wenn gewährleistet ist, dass – je nach Neigung und Interesse – einige Lernende die erste, die anderen die zweite Karikatur bearbeiten, ist das Ergebnis der Interpretation im Groben gleich – beide Karikaturen begreifen das Angebot als Täuschungsversuch –, allerdings aus anderen Gründen.

Die Zusammenführung der Ergebnisse beider Gruppen kann dazu führen, dass die Interpretation der Stalin-Note in der Klasse umstritten ist, was durch den Hinweis der Lehrkraft, dies gelte auch für die Fachwissenschaft, erweitert werden kann.

3.2.2 Materialdifferenzierung als Forderung

Manche Lernende, auch wenn es in Klasse oder Kurs nur Einzelne sind, fühlen sich zuweilen unterfordert. Dieser Situation kann, wie schon erwähnt wurde (Aufgabendifferenzierung) durch Zusatzaufgaben begegnet werden. Auf der anderen Seite kann schon durch das Materialangebot ein zusätzlicher Motivationsanreiz gegeben werden.

Unter dem Aspekt „Förderung" wurden zuvor bereits unterschiedlich schwierige Zugänge zu einer historischen Problemstellung vorgestellt, wobei das anspruchsvolle Ausgangsmaterial als Basis galt. Nunmehr wechselt die Perspektive. Ist die Lehrkraft der Überzeugung, dass das Basismaterial für sehr viele

Schülerinnen und Schüler historisches Denken und Lernen anregen kann, für einige wenige aber durchaus einer Herausforderung bedürfen könnten, sollten anspruchsvollere Varianten derselben Grundlage gesucht werden. Dies sind im Besonderen:

- Textquellen im sprachlichen Original (realistischer Weise vor allem in englischer und französischer Sprache),
- Faksimiles statt Textübertragungen.

In beiden Fällen wäre der didaktische Ertrag erheblich: Die Rede Trumans aus dem Jahre 1947, die eine fundamentale Neuorientierung der US-amerikanischen Besatzungspolitik in Richtung „Eindämmung" des Kommunismus einleitete, hielt der Präsident in seiner Muttersprache. Es geht nicht darum, dass durch die Übersetzung der Inhalt nicht genauso analysiert und interpretiert werden könnte, wohl aber um die Aura – hochgestochen formuliert und von den Lernenden vermutlich kaum erkannt oder gewürdigt –, die dem Original anhaftet. Für die Lernenden einsichtiger bzw. anschlussfähiger sind sicherlich alltagsgeschichtliche schriftliche Quellen wie etwa Popsongs: *Wind of Change* von den *Skorpions* – einer der wesentlichen popmusikalischen Begleiter der fundamentalen Umbrüche der 1989-/1990er-Jahre in Osteuropa und in Deutschland – wirkt erheblich authentischer, wenn er im englischen Original vorliegt. Zumal dann, wenn man bedenkt, dass in diesem Fall Sprache und Sound unverwechselbar miteinander verknüpft sind. Dennoch: Auch in deutscher Übersetzung ist der Inhalt analysier- und interpretierbar.

Bei Faksimiles gilt ähnliches: Ob Flugblatt, Aufruf oder Zeitungsseite etc., in allen Fällen ist die Authentizität quasi sichtbar, wenngleich die Hürden für eine zuverlässige Analyse und Interpretation erheblich sein können: Viele Lernende scheitern beispielweise an der schlichten Entschlüsselung einer Frakturschrift. Für andere könnte dies eine Herausforderung sein.

Weniger ergiebig für motiviertere, interessiertere oder leistungsstärkere Schülerinnen und Schüler sind herausfordernde Materialien, die sich z. B. auf komplexere Diagramme, Schaubilder oder Strukturskizzen beziehen: Ihnen fehlt die „Aura" bzw. die Authentizität, die Quellen auszeichnet.

Im Folgenden werden fünf Beispiele für eine Materialdifferenzierung unter dem Aspekt „Forderung" dargestellt.

Beispiel 1: Ça ira: Ein historisches Lied (er)klärt Motive für die Französische Revolution

Das Original	Die deutsche Übersetzung
Ah! a ira, Ça ira, Ça ira! Les aristocrats à la lantern,	Ah, das geht ran, das geht ran, das geht ran Die Aristokraten an die Laterne;
Ah! Ça ira, Ça ira, Ça ira, Les aristocrats on les pendra; Et quand on les aura tout pendus, On leurs fich`ra la pelle au cul. Ah! Ça ira, Ça ira, Ça ira,	Ah, das geht ran, das geht ran; Die Aristokraten, hängt sie dran! Und wenn sie alle hängen, marsch, Haut man ihnen die Schippe vor`n Arsch. Ah, das geht ran, das geht ran, das geht ran,
En dépit d`z`àristocrat`et d`la pluie, Ah! Ça ira, Ça ira, Ça ira,	Trotz Aristokraten und trotz diesem Regen; Ah, das gehr ran, das geht ran, das geht ran,
Nous nous mouillerons, mais ça finira.	Werden wir auch nass, lange hält's nicht an.
Ça m`coule au dos, coule au dos, coule au dos, En revenant du Champs de mars; Çam e coule au dos, au dos, coule au dos; Je suis mouillé jusques au os.	Das rinnt nur so rinnt nur so, rinnt nur so In den Hals beim Heimweg vom Marsfeld; Das rinnt nur so, rinnt nur so, rinnt nur so, Ich bin nass bis auf die Haut – und froh.

(Quelle: Chris E. Paschold/Albert Gier: Die Französische Revolution. Ein Lesebuch mit zeitgenössischen Berichten und Dokumenten, Stuttgart 1989)

Die sehr eingängige Melodie wurde von einem beliebten „Schlager" aus dem Jahr 1790 übernommen, der Text stammt von einem damaligen Straßensänger. Der französische Text ist nicht zu anspruchsvoll und schildert die Gefühle der Massen recht plastisch und drastisch. Insofern könnten einige Lernende ermuntert werden oder Lust darauf haben, sich mit dem Original zu befassen. Andere können auf die Übertragung ins Deutsche zurückgreifen. Hat man die Melodie einmal gehört, lässt es sich leicht mitsingen – sei es auf Deutsch oder im Original.

Beispiel 2: Winston Churchills Rede an die „Akademische Jugend“ vom 19. September 1946

In dieser sprach er sich für eine – zum damaligen Zeitpunkt überraschend – europäische Einigung auf der Basis einer deutsch-französischen Partnerschaft aus.

Das Original	Die deutsche Übersetzung
I'am now going to say something that will astonish you. The first step in the recreation of the European Family must be a partnership between France and Germany. In this way only can France recover the moral und cultural leadership of Europe. There can be no revival of Europe without a spiritually great France and a spiritually great Germany. The structure of the United States of Europe, if well and truly built, will be such as to make the material strength of a single state less important. Small nations will count as much as large ones and gain their honour by their contribution to the common cause. The ancient states and principalities of Germany, freely joint together for mutual convenience in a federal system, might take their individual places among the United States of Europe. (zit. nach: www.europa.clio-online.de)	Ich spreche jetzt etwas aus, das Sie in Erstaunen setzen wird. Der erste Schritt bei der Neugründung der europäischen Familie muß eine Partnerschaft zwischen Frankreich und Deutschland sein. Nur auf diese Weise kann Frankreich die moralische Führung Europas wieder erlangen. Es gibt kein Wiederaufleben Europas ohne ein geistig großes Frankreich und ein geistig großes Deutschland. Die Struktur der Vereinigten Staaten von Europa, wenn sie gut und echt errichtet wird, muß so sein, daß die materielle Stärke eines einzelnen Staates von weniger großer Bedeutung ist. Kleine Nationen zählen ebenso viel wie große und erwerben sich ihre Ehre durch ihren Beitrag zur gemeinsamen Sache. Die alten Staaten und Fürstentümer Deutschlands, frei vereint aus Gründen gegenseitiger Zweckmäßigkeit in einem Bundessystem, können alle ihren individuellen Platz in den Vereinigten Staaten von Europa einnehmen.

(Forschungsinstitut der deutschen Gesellschaft für Auswärtige Politik (Hrsg.): Europa. Dokumente zur Frage der europäischen Einigung, Bd.1, München 1962, S. 113–115)

Da den Lernenden ja beide Fassungen vorliegenden, bedarf es für die englischsprachige keiner Erläuterungen oder „Vokabelhilfen“, weil sie bei Unsicherheiten oder Verständnisschwierigkeiten einen Blick auf die Übersetzung werfen können. Gerade für die Zeitgeschichte bieten sich viele Originalquellen an.

Beispiel 3: das fünfte Flugblatt der „Weißen Rose" (28. Januar 1943) als Faksimile

Flugblätter der Widerstandsbewegung in Deutschland.

A u f r u f a n a l l e D e u t s c h e !

Der Krieg geht seinem sicheren Ende entgegen. Wie im Jahre 1918 versucht die deutsche Regierung alle Aufmerksamkeit auf die wachsende U-Bootgefahr zu lenken, während im Osten die Armeen unaufhörlich zurückströmen, im Westen die Invasion erwartet wird. Die Rüstung Amerikas hat ihren Höhepunkt noch nicht erreicht, aber heute schon übertrifft sie alles in der Geschichte seither Dagewesene. Mit mathematischer Sicherheit führt Hitler das deutsche Volk in den Abgrund. H i t l e r k a n n d e n K r i e g n i c h t g e w i n n e n , n u r n o c h v e r l ä n g e r n ! Seine und seiner Helfer Schuld hat jedes Mass unendlich überschritten. Die gerechte Strafe rückt näher und näher !

Was aber tut das deutsche Volk? Es sieht nicht und es hört nicht. Blindlings folgt es seinen Verführern ins Verderben. Sieg um jeden Preis, haben sie auf ihre Fahne geschrieben. Ich kämpfe bis zum letzten Mann, sagt Hitler - indes ist der Krieg bereits verloren.

Deutsche! Wollt Ihr und Eure Kinder dasselbe Schicksal erleiden, das den Juden widerfahren ist? Wollt Ihr mit dem gleichen Masse gemessen werden ,wie Eure Verführer? Sollen wir auf ewig das von aller Welt gehasste und ausgestossene Volk sein? Nein! Darum trennt Euch von dem nationalsozialistischen Untermenschentum! Beweist durch die Tat, dass Ihr anders denkt! Ein neuer Befreiungskrieg bricht an. Der bessere Teil des Volkes kämpft auf unserer Seite. Zerreisst den Mantel der Gleichgültigkeit, den Ihr um Euer Herz gelegt! Entscheidet Euch, e h ' e s z u s p ä t i s t !

Es ließe sich mit einigem Recht einwenden, dass die Lesbarkeit unwesentlich anspruchsvoller als bei dem Quellenausschnitt im Geschichtsbuch ist. Allerdings ist der Authentizitätsgrad um einiges größer („So sah es aus"). Es kommt hinzu, dass im Sinne der Forderung das gesamte Flugblatt zu analysieren ist.

Glaubt nicht der nationalsozialistischen Propaganda, die Euch den Bolschewistenschreck in die Glieder gejagt hat! Glaubt nicht, dass Deutschlands Heil mit dem Sieg des Nationalsozialismus auf Gedeih und Verderben verbunden sei! Ein Verbrechertum kann keinen deutschen Sieg erringen. Trennt Euch r e c h t z e i t i g von allem, was mit dem Nationalsozialismus zusammenhängt! Nachher wird ein schreckliches, aber gerechtes Gericht kommen über die, so sich feig und unentschlossen verborgen hielten.

Was lehrt uns der Ausgang dieses Krieges, der nie ein nationaler war?

Der imperialistische Machtgedanke muss, von welcher Seite er auch kommen möge, für alle Zeit unschädlich gemacht werden. Ein einseitiger preussischer Militarismus darf nie mehr zur Macht gelangen. Nur in grosszügiger Zusammenarbeit der europäischen Völker kann der Boden geschaffen werden, auf welchem ein neuer Aufbau möglich sein wird. Jede zentralistische Gewalt, wie sie der preussische Staat in Deutschland und Europa auszuüben versucht hat, muss im Keime erstickt werden. Das kommende Deutschland kann nur föderalistisch sein. Nur eine gesunde föderalistische Staatenordnung vermag heute noch das geschwächte Europa mit neuem Leben zu erfüllen. Die Arbeiterschaft muss durch einen vernünftigen Sozialismus aus ihrem Zustand niedrigster Sklaverei befreit werden. Das Truggebilde der autarken Wirtschaft muss in Europa verschwinden. Jedes Volk, jeder Einzelne hat ein Recht auf die Güter der Welt!

Freiheit der Rede, Freiheit des Bekenntnisses, Schutz des einzelnen Bürgers vor der Willkür verbrecherischer Gewaltstaaten, das sind die Grundlagen des neuen Europa.

Unterstützt die Widerstandsbewegung, verbreitet die Flugblätter!

Mat. 16.8: Flugblätter der Widerstandsbewegung in Deutschland. „Aufruf an alle Deutsche" (Fünftes Flugblatt der Weißen Rose) Nach Entwürfen von Hans Scholl und Alexander Schmorell mit Korrekturen von Kurt Huber, Januar 1943

Abb. 13: 5. Flugblatt der „Weißen Rose" (Gedenkstätte Deutscher Widerstand: Ausstellung Widerstand gegen den Nationalsozialismus. Blatt 16. Weiße Rose. Berlin 1994)

Größere Verständnisprobleme wird angesichts der fremden Schrift das letzte Beispiel hervorrufen (s. Abb. 14, S. 94).

Beispiel 4: Extraausgabe des „Vorwärts“ (Parteizeitung der SPD) zur Abdankung des Kaisers vom 9. November 1918

8. Extraausgabe. Sonnabend, den 9. November 1918.

Vorwärts

Berliner Volksblatt.

Zentralorgan der sozialdemokratischen Partei Deutschlands.

Arbeiter, Soldaten, Mitbürger!

Der freie Volksstaat ist da!

Kaiser und Kronprinz haben abgedankt!

Fritz Ebert, der Vorsitzende der sozialdemokratischen Partei, ist Reichskanzler geworden und bildet im Reiche und in Preußen eine neue Regierung aus Männern, die das Vertrauen des werktätigen Volkes in Stadt und Land, der Arbeiter und Soldaten haben. **Damit ist die öffentliche Gewalt in die Hände des Volkes übergegangen. Eine verfassunggebende Nationalversammlung tritt schnellstens zusammen.**

Arbeiter, Soldaten, Bürger! Der Sieg des Volkes ist errungen, er darf nicht durch Unbesonnenheiten entehrt und gefährdet werden. Wirtschaftsleben und Verkehr müssen unbedingt aufrecht erhalten werden, damit die Volksregierung unter allen Umständen gesichert wird.

Folgt allen Weisungen der neuen Volksregierung und ihren Beauftragten. Sie handelt im engsten Einvernehmen mit den Arbeitern und Soldaten.

Hoch die deutsche Republik!

Der Vorstand der Sozialdemokratie Deutschlands.
Der Arbeiter- und Soldatenrat.

Abb. 14: Vorwärts vom 9. November 1918 (aus: Zeitreise 4, Ausgabe Hessen, 2013, S. 23)

Es müssen aber nicht nur Zeitungsseiten oder Flugblätter sein. Vielfach sind handschriftliche Quellen überliefert, seien es Feldpostbriefe aus dem Ersten und dem Zweiten Weltkrieg, seien es Tagebucheinträge oder Briefe – herausfordernde Quellen für einige Lernende.

In manchen Fällen lässt sich durch die Kombination von Faksimile und Text dann ein didaktischer Mehrwert erzielen, wenn das Original nicht in die moderne Schriftform übertragen wird, sondern stattdessen ein Sachtext als Alternative angeboten wird, der neben der Wiedergabe des Inhalts dessen Erklärung bzw. Interpretation einschließt. Dies geschieht häufig, wenn in Verfassertexten in Geschichtsbüchern auf nachfolgende Quellen Bezug genommen wird.

Beispiel 5: das „Ermächtigungsgesetz" von 1933

Berliner Ausgabe

Berliner Ausgabe

VÖLKISCHER BEOBACHTER

Herausgeber Adolf Hitler

Kampfblatt der national-sozialistischen Bewegung Großdeutschlands

Der Wille des deutschen Volkes erfüllt:

Der Reichstag übergibt Adolf Hitler die Herrschaft

Annahme des Ermächtigungsgesetzes mit der überwältigenden Mehrheit von 441 gegen 94 Stimmen der S.P.D. / Einstimmige Annahme auch im Reichsrat / Hitlers historische Abrechnung mit den Novembermännern

Abb. 15: Völkischer Beobachter vom 24. März 1933 (aus: Das waren Zeiten 3, Ausgabe Thüringen, 2016, S. 109)

Während einige Lernende sich mit dem Faksimile auseinandersetzen, beschäftigen sich die anderen mit einemVerfassertext:

Beispiel eines Verfassertextes

Die Nationalsozialisten brachten im März 1933 das „Gesetz zur Behebung der Not von Staat und Reich" im Reichstag ein, das sogenannte „Ermächtigungsgesetz". Es sah vor, dass die Reichsregierung vier Jahre lang Gesetze ohne den Reichstag und den Reichsrat erlassen konnte. Dieses Gesetz, das die Gewaltenteilung aufhob, benötigte eine Zwei-Drittel-Mehrheit. Damit war die Regierung auf mindestens 92 Stimmen der Opposition angewiesen.
Mit 444 Stimmen wurde das Ermächtigungsgesetz am 23. März 1933 angenommen. Die Abgeordneten des Zentrums, der Bayerischen Volkspartei und der Deutschen Staatspartei billigten es. Sie hofften, damit ihre Parteien vor einem Verbot retten zu können. Nur 94 Abgeordnete der SPD konnten gegen das Gesetz stimmen, da 26 Mitglieder ihrer Fraktion sowie 81 gewählte Abgeordnete der KPD entweder inhaftiert oder auf der Flucht waren.
Mit der Verabschiedung des Gesetzes waren die Grundlagen für die NS-Diktatur gelegt.

In der Auswertung, in der beide Gruppen zu Wort kommen, wird sich deutlicher als lediglich auf Basis des Faksimiles zeigen, welche unterschiedlichen Perspektiven beide Texte prägt – hier die apologetische der Parteizeitung, dort die kritische des Verfassertextes.

Tipps

Alternative Materialien zu suchen, bedeutet zweifelsfrei Mehraufwand, der sich wahrscheinlich lohnt, aber in der Regel angesichts der bestehenden Unterrichtsbelastungen oftmals als zu groß angesehen wird. Deshalb anschließend eine Warnung und zwei Tipps.

- Das Internet ist zwar eine schnell zugängliche und häufig auch erfolgreiche „Quelle" für die Suche nach alternativen Materialien. Aber abgesehen davon, dass dort eine Vielzahl von Materialien nicht geprüft sind (inhaltliche Korrektheit, welcher Nachweis wird genannt, welche rechtlichen Möglichkeiten/Grenzen der Verwendung sind gegeben), bleibt zu bezweifeln, ob schneller Alternativen gefunden werden als auf folgenden Wegen:
- Schulbuchverlage schicken von ihren neuen (zugelassenen) Geschichtsbüchern Probeexemplare an die Schulen. Wenn diese gut sortiert und jederzeit den Lehrkräften zugänglich sind, ist ein schneller Blick auf andere Materialien gegeben. Unabhängig davon schadet es natürlich nicht, sich selbst einen gewissen Sockel an anderen als dem eingeführten Schulbuch zuzulegen.
- Es macht Sinn, in den Fachschaften für die Geschichtslehrkräfte unterrichtspraktische Zeitschriften wie *Geschichte lernen* oder *Praxis Geschichte* zu abonnieren. Deren Ausgaben sind entweder thematisch oder methodisch

konzipiert, sodass wiederum unter der Voraussetzung einer systematischen und gut zugänglichen Ablage eine schnelle Orientierung möglich ist.

Quer dazu gibt es die arbeitserleichternde Variante eines kollegialen Austausches. Er ist deshalb nicht als dritter Tipp ausgewiesen, weil er offensichtlich nicht häufig funktioniert, vielleicht auch nur nicht angestrebt wird – es ist aber schon eine Arbeitserleichterung, wenn sich nur zwei oder drei Lehrkräfte darauf verständigen.

3.3 Lernhilfen

Lernhilfen, so ließe sich nach Lektüre der bisherigen Kapitel argumentieren, werden bereits über Aufgabendifferenzierung gegeben. Das stimmt zwar, bildet aber nicht alle Möglichkeiten ab, die binnendifferenziertes historisches Lernen anbieten kann. Deshalb geht es im Folgenden um spezielle Formen, die entweder als Starthilfe zur Bewältigung einer Aufgabenstellung oder als gestufte Hilfen – in der Regel als Tippkarten – Verwendung finden können. In der Unterrichtspraxis sind beide Varianten nicht immer trennscharf zu unterscheiden.

3.3.1 Starthilfen

Starthilfen haben zur Voraussetzung, dass alle Lernenden dieselben Aufgabenstellungen zu bearbeiten haben, die sich meistens auf ein wiederum identisches Ausgangsmaterial beziehen. Es kann allerdings auch vorkommen, dass über eine gemeinsame Grundlage hinaus z. B. Vergleiche zwischen damals und heute vorgenommen werden sollen. Die Lehrkraft kann zu der Einschätzung gelangen, dass es, um recht viele Schülerinnen und Schüler in historisches Denken einzubeziehen, notwendig sein könnte, dem einen oder anderen Anstöße zu geben, wie er/sie mit dem Arbeitsauftrag beginnen kann. Dafür mögen verschiedene Überlegungen maßgeblich sein:
Schülerinnen und Schüler

- haben Schwierigkeiten, eine Bildquelle zu analysieren: Es wäre angebracht, ihnen eine Orientierungshilfe (z. B. Sprechblasen anzubieten).
- können bei der Bearbeitung von Textquellen den Argumentationsverlauf nicht nachvollziehen, was durch ein Angebot an Zwischenüberschriften leichter fiele.
- finden bei Schaubildern oder Strukturskizzen keinen sinnvollen Ausgangspunkt: Sie benötigen eine Starthilfe.
- grübeln darüber nach, wie ein Vergleich anzustellen ist. Die Vorgabe eines ersten Vergleichsmerkmals könnte ihnen helfen.
- erinnern sich nicht mehr daran, welche methodischen Schritte notwendig sind, um ein Plakat, ein Diagramm oder eine Statistik zu bearbeiten. Ein Hin-

weis auf entsprechende Methodenseiten im Geschichtsbuch könnte Abhilfe schaffen.

In allen diesen und anderen Fällen macht es Sinn, sich über Starthilfen Gedanken zu machen. Einige Geschichtsbücher arbeiten bereits mit solchen Starthilfen. Sie sind häufig unmittelbar neben der Aufgabenstellung platziert, z.B. als Beginn eines Satzes. Andere arbeiten mit einem Logo, das die Lernenden darauf verweist, dass sie im Anhang eine oder mehrere Starthilfen finden können. Das erleichtert in beiden Fällen die Unterrichtsvorbereitung, bringt aber auch Nachteile mit sich: Motiviertere, leistungsstärkere oder interessiertere Lernende könnten solche Hilfen nutzen, sich folglich nicht herausfordern lassen und ihr eigentliches Potenzial nicht ausschöpfen. Eine der schon erwähnten unbeabsichtigten Nebenwirkungen von binnendifferenziertem historischen Lernen, was – nebenbei bemerkt – nicht als Kritik an den Schulbuchautorinnen und -autoren verstanden werden sollte: Es geht nicht anders, wenn man Binnendifferenzierung im Geschichtsbuch abbilden möchte – und das allein ist schon ein gewaltiger Fortschritt.

Ist ein binnendifferenziertes Geschichtsbuch nicht eingeführt, was in der übergroßen Mehrheit der Schulen der Fall sein dürfte, bleibt die Arbeit bei der Lehrkraft hängen, die sich freilich an einigen Mustern orientieren kann. Dazu die folgenden Beispiele:

Starthilfen zur Erschließung

- Geschichtskarten: „Achte auf die Ausgangspunkte der Pfeile. Überlege, ob die verschiedenen Farben/die Dicke der Pfeile eine Bedeutung haben. Beachte, welche Länder/Kontinente eingezeichnet sind. Welche Bedeutung haben die Farben grün, blau und braun (bei topografischen Karten)?"Beispiele:
  - Flucht und Vertreibung nach 1945; Vertreibung der Hugenotten; Völkerwanderung.
  - Griechische Kolonisation; Dreieckshandel; Imperialismus.
  - Das antike Griechenland; die „Besiedlung" Afrikas.
- Historische Karten: „Suche zunächst Europa auf der Karte (inhaltliches Fundamentum). Ist die Karte als Kugel oder als Scheibe angelegt?" (Mindeststandard)
- Bildquellen und Rekonstruktionszeichnungen: „Im Vordergrund ist eine Person zu erkennen, die …; wenn du das Bild erklären möchtest, solltest du von … ausgehen; zeichne in das Bild Sprechblasen für die … Personen ein; erschließe das Bild dadurch, dass du die Hauptperson benennst; notiere dir, welche Symbole (Farbe, Personen, Hintergrund) du nicht verstehst oder hole dir einen Tipp."

Beispiel 1: „Der Streik", Ölgemälde von Robert Koehler (vor 1886)

Abb. 16: Der Streik (aus: Forum Geschichte 1/2, Ausgabe Rheinland-Pfalz, 2015, S. 349)

Aufgabenstellung:
Erläutere, woraus man schließen kann, dass hier ein Streik unmittelbar bevorstehen könnte.

Starthilfe:
Suche zunächst den Unternehmer und den Anführer der Arbeiter, wie verhält sich die Menge, was macht der Arbeiter unten rechts.

Die Hilfe führt die Lernenden zunächst an Hauptelemente des Gemäldes heran. Die Beschreibung der Handlungen der wichtigsten Protagonisten kann als entscheidende Stütze („scaffholding") für eine gezielte strukturierte Analyse des Bildes dienen.

- Schaubilder und Strukturskizzen: Bei Strukturskizzen, die eine Gesellschaft als hierarchisch gestuft abbilden (Altes Ägypten, Mittelalter, vorrevolutionäres Frankreich) sollten unterschiedliche Faktoren berüksichtigt werden. Zum Beispiel „Denke bei der Erklärung an Machteinfluss, wirtschaftliche Bedeutung, Anzahl der Personen; beachte Abhängigkeitsverhältnisse."

Beispiel 2: die Gesellschaft im alten Ägypten

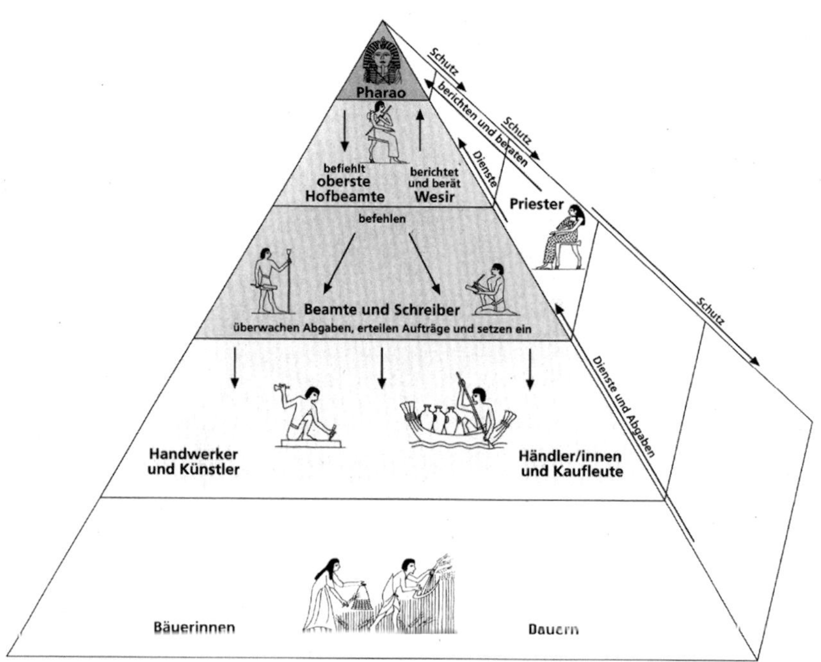

Abb. 17: Gesellschaftspyramide Altes Ägypten (aus: Das IGL-Buch 1, Ausgabe Nordrhein-Westfalen, 2009, S. 119)

Aufgabenstellung:
Erläutere die ägyptische Gesellschaftspyramide.

Starthilfe:
Beachte besonders Machtstellung, Ausbildung, Aufgaben, Abhängigkeiten und den Anteil an der Bevölkerung.

Die Starthilfe – es müssen übrigens nicht alle Begriffe genannt werden – „übersetzt" die piktografischen Angaben in eine deutliche Struktur von Textbausteinen, die schwächeren Lernern ein Grundgerüst für die Bearbeitung der Aufgabenstellung gibt.

- Bei Verfassungsschemata: „Beginne bei ...; beachte besonders die Beziehung zwischen ...; überlege zunächst, welche Aufgaben die einzelnen Institutionen haben und kläre dann ihre Beziehung."

- Texte: „Du könntest mit folgendem Satz beginnen; verwende für die Erklärung folgende Begriffe; diese Fragen können dir weiterhelfen; suche in der Quelle vor allem nach …; schreibe zunächst auf, was … und … behaupten. Sage anschließend, was deine Meinung ist (Werturteil). Unterstreiche die wichtigsten Aussagen der Quelle; unterstreiche die Meinungen der drei Personen in unterschiedlichen Farben (Vergleich als Ausgangspunkt für ein Sach-/Werturteil); Fertige für jeden Abschnitt eine Zwischenüberschrift an."
- Vergleiche: „Fertige eine Tabelle an; fertige eine Tabelle mit … Spalten an; Vergleichspunkte könnten sein …; achte besonders auf …"
- Entwicklungen/Abläufe: „Du kannst die Informationen aus dem Text zunächst in einer Tabelle oder stichwortartig festhalten und sie dann zeitlich ordnen; du kannst eine Zeitleiste anlegen; beginne mit dem Jahr … und ende mit dem Jahr …; gehe von der Person aus, die als erste in Aktion tritt und beschreibe anschließend den weiteren Ablauf (der griechischen Kolonisation, des Scherbengerichts, Ständekämpfe in Rom etc.); konzentriere dich auf die Veränderungen des Verhältnisses (von König und Fürsten im Mittelalter; Unternehmern, Arbeitern und Staat in der sozialen Frage)."
- Diagramme/Statistiken: Bei ihnen sind verallgemeinernde Aussagen über Starthilfen schwieriger als in den anderen Fällen. Deshalb soll von einem konkreten Beispiel ausgehend über denkbare Hilfen nachgedacht werden.

B

Beispiel 3: Wahlergebnisse in der Endphase der Weimarer Republik

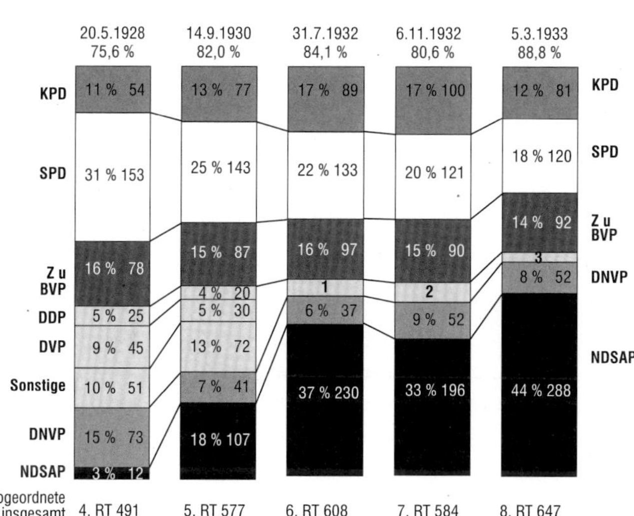

Abb. 18: Wahlergebnisse in der Endphase der Weimarer Republik (aus: Entdecken und Verstehen 3, 1991, S. 79)

Das vorliegende Säulendiagramm (s. Abb. 18) ist erheblich komplexer als die Variante, die im Kapitel „Aufgabendifferenzierung" vorgestellt wurde (Kap. 3.1). Die Funktion für historisches Lernen ist mehr oder wenig identisch – es geht um die Möglichkeit einer Regierungsbildung mit parlamentarischer Mehrheit in der Endphase der Weimarer Republik. Die Aufgabenstellung könnte insofern lauten: „Erörtert, inwieweit oder ob in der Endphase der Weimarer Republik demokratische Mehrheiten für eine Regierungsbildung bestanden."

Die Aufgabe ist dann relativ leicht zu beantworten, wenn den Lernenden klar ist, welche Parteien bislang Koalitionen gebildet haben oder – spiegelverkehrt –, welche aufgrund ihres Programms und ihrer konkreten Politik nicht als regierungsfähig galten. Dies muss aber nicht unbedingt Vielen vertraut oder aufgrund des vorhergehenden Unterrichts in Erinnerung geblieben sein. Deshalb könnte eine *inhaltliche* Starthilfe so aussehen: „Bedenkt, dass nicht alle Parteien mit ihrem Programm auf der Seite der Republik standen." Oder noch konkreter: „Regierungsmehrheiten in Weimar gab es bislang nur zwischen den drei Parteien der Weimarer Koalition (SPD, Zentrum, DDP, in einem Fall auch unter Beteiligung der DVP)." Das inhaltliche Fundamentum, um das es ja immer wieder geht, wäre so gewährleistet. Sollte infrage stehen, ob die Schülerinnen und Schüler den kompetenzorientierten Mindeststandard (das wäre neben dem Sachurteil auch die methodische Fertigkeit, Diagramme zu analysieren) auf der Basis der Aufgabenstellung nicht hinreichend erfüllen können, gäbe es die Möglichkeit einer *methodischen* Starthilfe: Achtet besonders auf die Veränderungen (Ab- oder Zunahmen des Stimmenanteils) in den Säulen der einzelnen Parteien.

Ähnlich ist bei anderen Diagrammen solch komplexer Natur zu verfahren. Bei Statistiken können bereits kleine Starthilfen die Bearbeitung von Aufgabenstellungen erleichtern: Vergewissere dich zuerst, was auf der x- und y-Achse abgebildet ist; beachte, ob Angaben in % oder Mengen vorliegen; markiere zunächst die zeitlich größten Veränderungen; beginne mit den zeitlichen Veränderungen und überlege dann, was zu diesen Zeitpunkten möglicherweise zu Veränderungen geführt haben könnte.

Zwischenfazit

Starthilfen erhöhen die Möglichkeit, dass sehr viel mehr als das obere Drittel der Klasse das Fundamentum und den Mindeststandard erreichen können. Es sollte für die Lernenden klar sein, dass der Griff zu Starthilfen, die entweder am Lehrerpult, im Regal oder auf der Fensterbank deponiert sind, nichts besonderes ist, das heißt zum Bestandteil binnendifferenzierten Geschichtsunterrichts gehört – was freilich eines Erfahrungsprozesses bedarf: Diejenigen, die sie beanspruchen, sind nicht notwendig „Loser"; andere, die sie nutzen, obwohl sie sie gar nicht benötigen, sind keinesfalls die „Coolen", was sich in Situationen der Leistungsüberprüfung, das heißt Benotung, als unbeabsichtigte Nebenwirkung zeigen könnte.

3.3.2 Gestufte Hilfen

Gestufte Lernhilfen, die in der Regel über Tippkarten unterrichtswirksam werden, sind vermutlich die am meisten verbreiteten Differenzierungsinstrumente im Geschichtsunterricht. Empirische Belege dafür gibt es nicht; allerdings legen Beobachtungen bei Praktika, in der Refendarsausbildung oder bei Fortbildungen diesen Schluss nahe.

Das ist nicht verwunderlich, weil mit ihnen eine breite Varianz in die Aufgabenbearbeitung kommt, die die vermeintliche Enge der Differenzierung über Aufgaben und Materialien sprengt. Gestufte Hilfen können unterschiedliche Instrumente binnendifferenzierten historischen Lernens kombinieren:

- Sie *können* den zugrundeliegenden Arbeitsauftrag durch eine engere Fragestellung leichter machen, müssen dies aber nicht unbedingt, weil sie auch durch arbeitstechnische Strukturhinweise (zentrale Begriffe unterstreichen) Unterstützung für die Erschließung der Ausgangsmaterialien leisten können.
- Sie *können* den Arbeitsauftrag aber auch durch einen anderen Lernzugang (z. B. Bild statt Text oder umgekehrt) aufschließen.
- Sie *können* einen visuellen Zugang durch begrifflich/textliche Hilfen steuern, aber auch dadurch, dass visuelle Zusatzhilfen (Einfügen von Sprechblasen in ein Bild, Grundstruktur einer Mind-Map/eines Schaubildes) gegeben werden.
- Sie *können* die Bearbeitung von Textquellen oder Darstellungen durch Erschließungshilfen (z. B. Einfügen von Zwischenüberschriften) erleichtern, können aber auch oder als zweite Tippkarte den Lernenden einen leichteren Text (Materialdifferenzierung) anbieten.

Wie schon bei den Starthilfen erwähnt, gehen alle Lernenden von demselben Material und derselben Aufgabenstellung aus. Eine „Starthilfe" kann, sollte sich die Lehrkraft für das Modell der Tippkarten entscheiden, als erster Tipp gelten. Sollten einige Schülerinnen und Schüler mit der Ausgangssituation des Lernprozesses überfordert sein, können sie eine erste, ggf. eine zweite Hilfe anfordern. Unterrichtsorganisatorisch betrachtet, könnten diese am Lehrerpult oder an einem anderen Ort im Klassenzimmer (Fensterbank oder Regal) deponiert werden. Es macht wenig Sinn, mehr als zwei Tippkarten bereitzuhalten, was bei allen Vorzügen des Modells auf dessen Tücken verweist.

Die Varianz der Möglichkeiten stellt die Lehrkraft vor die Frage, welche gestuften Lernhilfen wem tatsächlich Unterstützung bieten, was immer nur für die konkrete Lerngruppe beantwortet werden kann. Dies mag banal klingen, ist es aber in der Praxis nicht, weil es dazu erheblicher diagnostischer Beobachtung und Erfahrung sowie didaktischer Reflexion bedarf:

- Eine erste oder auch zweite Tippkarte muss nicht wirklich helfen, weil sie möglicherweise nicht das Problem aufgreift, bei dem es beim Lerner hakt. Deshalb ist es nicht sinnvoll, gerade, wenn man dieses Modell einführt und folglich weder Routinen noch realistische Selbsteinschätzungen vorliegen, dass man die Schülerinnen und Schüler nach Belieben die erste und zweite Tippkarte „abgreifen" lässt. Gerade in einer solchen Einführungsphase ist zunächst Rücksprache mit den Einzelnen notwendig – es wäre ja frustrierend, wenn die Hilfen nichts brächten. Auf Dauer könnten sowohl Lernende als auch Lehrkraft Erfahrungen sammeln, wie mit dem Angebot umgegangen werden sollte.

- Wie alle Maßnahmen zur inneren Differenzierung folgt auch diese Variante dem Prinzip des „Förderns und Forderns". Unter dem Gesichtspunkt „Fördern" ist besondere Expertise angesagt, was nur über den Austausch mit entsprechenden Lernern gelingen kann, die sich zutrauen, auf ihre Defizite oder auch Stärken hinzuweisen („was ich eigentlich gut kann, aber in den Tippkarten nicht berücksichtigt wird"). „Fordern" bedeutet, einen Teil der Lerngruppe zuweilen auch an die Grenzen ihrer Fähigkeiten zu führen. Das Modell der Tippkarten kann dazu führen, dass sie sich ständig oder zeitweilig selbst unterfordern – was nachvollziehbar ist, wenn man mal oder häufiger keine Lust hat. In beiden Fällen ist dies solange unproblematisch, wenn es um *Lernsituationen* geht. In ihnen handelt es sich um das Ausprobieren der eigenen Fähigkeiten, Interessen und Motivationen – und wird nicht sanktioniert. Völlig anders sieht die Situation bei *Leistungsnachweisen* aus, die Notenrelevanz haben. Hier könnten sich in beiden Fällen erhebliche Probleme ergeben, denn der Griff nach einer Tippkarte könnte z. B. für starke Lerner ihre Note verschlechtern; eine schlechte Tippkarte würde andererseits den Schwächeren wenig helfen.
- Helfen ja, Vorsagen nein: Es muss bei der Konstruktion von Tippkarten, dies betrifft vor allem die zweite, beachtet werden, dass immer noch eine eigenständige Leistung möglich ist, so minimal sie auch sein mag. Dies sei an einer Differenzierungsmöglichkeit illustriert: Man kann bei einem Lückentext verlangen, dass die entsprechenden Begriffe oder Entwicklungen eingesetzt werden. Eine erste Hilfe (Tippkarte) könnte so aussehen, dass aus einem Sample von Begriffen und/oder Entwicklungen die zutreffenden ausgewählt werden; eine zweite Tippkarte könnte die Anzahl der Begriffe oder Entwicklungen vorgeben, also alle nicht zutreffenden Auswahlmöglichkeiten ausschließen. Dies wäre immer noch eine bedingt eigenständige Leistung. Eine solche wäre es nicht mehr, wenn beispielsweise noch die Anfangsbuchstaben der Begriffe in die jeweiligen Lücken eingefügt würden.

Im Folgenden einige Beispiele, die die Möglichkeiten der Arbeit mit Tippkarten verdeutlichen bzw. veranschaulichen sollen.

B

Beispiel 1: Erläutere, wie das Lehnswesen funktionierte. Du kannst einen Text verfassen oder eine bildliche Darstellung wählen.

In fast allen Geschichtsbüchern und sonstigen Unterrichtsmaterialien wird das Lehnswesen nicht nur über Quellen- oder Verfassertexte eingeführt, sondern darüber hinaus mit einer problematischen Lehnspyramide visualisiert. Insofern kann die Aufgabenstellung in diesem Fall als Wiederholung oder Lernkontrolle gelten.

1. Tippkarte: Verwende auf alle Fälle die Begriffe: Lehnsherr, Schutz, Treue.
2. Tippkarte: Vervollständige die Skizze.

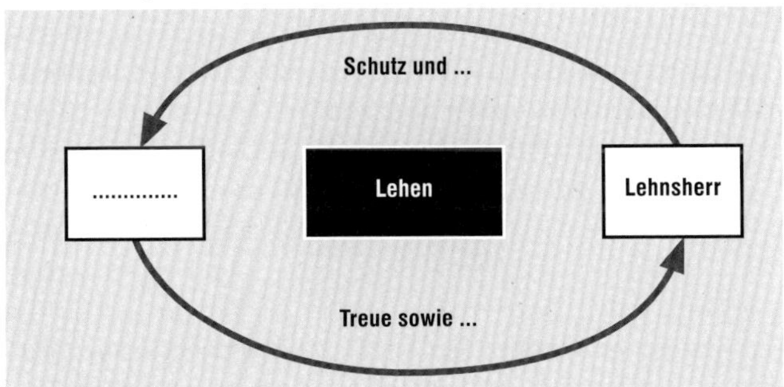

Abb. 19: Lehnswesen im Mittelalter (aus: Das waren Zeiten. 2. Mittelalter und Neuzeit. Neue Ausgabe Hessen G 9, Bamberg 2014, S. 85)

Kommentar:

Die Schülerinnen und Schüler können zunächst einmal wählen, ob sie einen Text verfassen wollen oder eine bildliche Darstellung bevorzugen. Damit erhalten sie ein Angebot unterschiedlicher Lernwege bzw. Verarbeitungsformen (s. nächstes Kapitel).

Die Lernhilfen unterstützen diese Wahlmöglichkeiten. Die erste Tippkarte gibt als Hilfe zentrale Begriffe vor, aber nicht alle.

Die zweite unterstützt den visuellen Ansatz, indem – wiederum nicht vollständig – wesentliche Beziehungen zwischen den verschiedenen Lehnsträgern aufgezeigt werden. Er vermeidet dabei bewusst die problematische Pyramidenform.

B

Beispiel 2: Erarbeite und erkläre die Bedeutung der Verfassung von 1791 im Verlauf der Französischen Revolution.

Ausgangspunkt ist als Materialgrundlage ein Verfassertext (nach: Hammerschmid, Helmut/ Elfriede Windischbauer/Wolfgang Pramper (2009): Geschichte live 3. Arbeitsblätter. KV 20)

„In der Nacht vom 4. zum 5. August 1789 fasste die Nationalversammlung entscheidende Beschlüsse: Die Rechte des Königs wurden beschnitten, er verlor somit seine uneingeschränkte Stellung als absolutistischer Herrscher, blieb aber vorerst Staatsoberhaupt; die Privilegien des Adels wurden abgeschafft.

Am 26. August wurde die Erklärung der Menschen- und Bürgerrechte verabschiedet. In ihr sind viele Gedanken der amerikanischen Unabhängigkeitserklärung von 1776 enthalten: Die Menschen werden frei und mit gleichem Recht auf Freiheit, Eigentum, Sicherheit und Widerstand gegen Unterdrückung geboren. Die Herrschaft liegt beim Volk, Gesetze gelten für alle.

In den nächsten beiden Jahren konzentrierten sich die Bemühungen der Revolutionäre auf eine neue Verfassung. 1791 waren die Arbeiten abgeschlossen. Frankreich wurde eine konstitutionelle Monarchie.

- Der König blieb im Amt, ihm wurde lediglich ein aufschiebendes Veto (Einspruch) zugestanden.
- Ein Zensuswahlrecht (Gewicht der Wahlstimmen je nach Steuerleistung) wurde eingeführt. Gewählt werden konnten nur die wohlhabenden Bürger, die Steuern zahlten. Frauen hatten nach wie vor kein Wahlrecht.
- Die Gerichte der Grundherren wurden durch Geschworenengerichte der Bürger ersetzt.
- Die Kirchengüter wurden beschlagnahmt und zum Verkauf angeboten. Damit sollte Geld in die Staatskasse kommen. Das führte zwangsweise zum Streit mit der katholischen Kirche.
- Den Juden wurde im Sinne der Toleranz Gleichberechtigung eingeräumt. Nun durften sie an Wahlen teilnehmen und jedes Gewerbe ausüben."

1. Tippkarte: Füge in den Text passende Zwischenüberschriften ein.

In der Nacht vom 4. zum 5. August 1789 fasste die Nationalversammlung entscheidende Beschlüsse: Die Rechte des Königs wurden beschnitten, er verlor somit seine uneingeschränkte Stellung als absolutistischer Herrscher, blieb aber vorerst Staatsoberhaupt; die Privilegien des Adels wurden abgeschafft.

Zwischenüberschrift

Am 26. August wurde die Erklärung der Menschen- und Bürgerrechte verabschiedet. In ihr sind viele Gedanken der amerikanischen Unabhängigkeitserklärung von 1776 enthalten: Die Menschen werden frei und mit gleichem Recht auf Freiheit, Eigentum, Sicherheit und Widerstand gegen Unterdrückung geboren. Die Herrschaft liegt beim Volk, Gesetze gelten für alle.

Zwischenüberschrift
In den nächsten beiden Jahren konzentrierten sich die Bemühungen der Revolutionäre auf eine neue Verfassung. 1791 waren die Arbeiten abgeschlossen. Frankreich wurde eine konstitutionelle Monarchie.
Zwischenüberschrift
- Der König blieb im Amt, ihm wurde lediglich ein aufschiebendes Veto (Einspruch) zugestanden.

Zwischenüberschrift
- Ein Zensuswahlrecht (Gewicht der Wahlstimmen je nach Steuerleistung) wurde eingeführt. Gewählt werden konnten nur die wohlhabenden Bürger, die Steuern zahlten. Frauen hatten nach wie vor kein Wahlrecht.

Zwischenüberschrift
- Die Gerichte der Grundherren wurden durch Geschworenengerichte der Bürger ersetzt.

Zwischenüberschrift
- Die Kirchengüter wurden beschlagnahmt und zum Verkauf angeboten. Damit sollte Geld in die Staatskasse kommen. Das führte zwangsweise zum Streit mit der katholischen Kirche.

Zwischenüberschrift
- Den Juden wurde im Sinne der Toleranz Gleichberechtigung eingeräumt. Nun durften sie an Wahlen teilnehmen und jedes Gewerbe ausüben.

2. Tippkarte: Füge folgende Zwischenüberschriften ein: Neue Verfassung – Rechte des Königs – Zensuswahlrecht – Gleichberechtigung der Juden – Erklärung der Menschen- und Bürgerrechte – Geschworenengerichte – Beschlagnahmung von Kirchengütern.

Kommentar:
Dieses Beispiel verdeutlicht die Problematik, dass Quellen- oder Darstellungstexte zwar sprachlich wenig anspruchsvoll, aber inhaltlich sehr komplex sein können. Eine Möglichkeit ist die Hilfe über Begriffe und Zwischenüberschriften. Eine visuelle wäre kaum möglich: Eine vereinfachte Verfassungsskizze von 1791 würde den Entwicklungsprozess nicht klären und möglicherweise durch Pfeile und schriftliche Erläuterungen eher historische Erkenntnisse erschweren, statt solche zu ermöglichen.
Die zweite Tippkarte erfordert immerhin die Überlegung, was logischerweise den Inhalt der Quelle ausmacht – Rategeschick inklusive.

Beispiel 3: Erörtere, weshalb das Bild Hinweise auf einen Streik der Arbeiter beinhaltet.
1. Tippkarte (Starthilfe): Suche zunächst den Unternehmer und den Anführer der Arbeiter, wie verhält sich die Menge, was macht der Arbeiter unten rechts.
2. Tippkarte: In das Bild sind Sprech- oder Denkblasen eingefügt: Ergänze die anderen.

Abb. 20: Der Streik (aus: Forum Geschichte 1/2, Ausgabe Rheinland-Pfalz, 2015, S. 349)

Kommentar:

Die erste Tippkarte führt durch das Bild und gibt Hinweise auf die Protagonisten. Die Lernenden orientieren sich angeleitet, haben aber immer noch die Aufgabe, daraus eine Geschichte zu entwickeln.

Die zweite führt in das Bild zurück, indem sie den Protagonisten Sprech- oder Denkblasen zuordnet. Außerdem ist die Ausgangssituation (Unternehmer – Arbeiterführer) vorgeben. Die Analyse und Interpretation der Bildquelle verlangt aber immer noch eine schlüssige Erzählung (narrative Kompetenz), die ein starkes Gerüst (scaffholding) beinhaltet, aber doch eigenständige Denkleistungen erfordert.

Gestufte Lernhilfen bzw. Lernhilfen generell gewinnen eine noch größere Bedeutung, wenn man an inklusives historisches Lernen denkt. Die Herausforderung besteht nämlich u. a. darin, sich der Tatsache bewusst zu werden, dass eine noch erheblich weiter gespannte Varianz von Wahrnehmung, Erschließung, Interpretation und Präsentation (Narrativierung) von Geschichte vorhanden ist (Schlusskapitel). Umgekehrt gilt gleichermaßen, dass die Verfügung über und Arbeit mit binnendifferenzierten Instrumenten eine zentrale Voraussetzung für inklusiven Geschichtsunterricht darstellt.

So kann es gelingen	Unbeabsichtigte Nebenwirkungen
▸ Dosierter Einsatz: Weniger kann häufig mehr sein. ▸ Diagnostische Erfahrungen sammeln und verarbeiten. ▸ Lernzugänge beachten und variieren. ▸ Aspekte des Forderns und Förderns beachten. ▸ Hilfen als Zusatzangebot definieren. ▸ Hilfen nur nach Rücksprache anbieten.	▸ Funktionsverlust bei ständigem Einsatz. ▸ Verpuffungsaspekt bei unreflektierter Verwendung. ▸ Ohne deren Beachtung ist manchem Lerner nicht geholfen. ▸ Fördern kann nicht Vorsagen bedeuten. ▸ Lernende greifen ständig auf Hilfen zurück. ▸ Freie Verfügbarkeit kann zum ständigen Umgehen von Forderungen führen.

3.4 Lernzugänge und Lernwege

Schülerinnen und Schüler reagieren auf Lernimpulse und Lernangebote sehr unterschiedlich, was schon Praktikanten und Referendare bei ihren Unterrichtsversuchen bemerken, erst recht Lehrkräfte, die mit ihren Lerngruppen längere Erfahrungen gemacht haben. Für einige Lerner ist der Zugang über Texte unproblematisch oder selbstverständlich, andere brauchen eher ein visuelles Angebot. Ähnlich verhält es sich bei den Anforderungen zur Be- und Verarbeitung eines Arbeitsauftrages: Wird eine schriftliche Zusammenfassung oder eine andere Art schriftlicher Ergebnissicherung verlangt – was im Geschichtsunterricht in den allermeisten Fällen geschieht –, haben diejenigen Probleme, die die Aufgabenstellung beispielsweise mit einer Mind-Map erfüllen könnten, die genauso „richtig" wie die eingeforderte Verschriftlichung sein kann. In diesem Kapitel geht es um eine Differenzierung nach Lernzugängen und Lernwegen und deren Produkte.

Bevor es zu einer Konkretisierung der Möglichkeiten und Grenzen kommt, muss allerdings festgehalten werden, dass in der Literatur eine Reihe von Begriffen Verwendung finden, bei denen nicht immer klar genug wird, ob und wie sie sich voneinander unterscheiden oder Ähnliches meinen: Lerntyp, Lernstil, Lernstrategie etc. Ohne an dieser Stelle eine verbindliche Klärung leisten zu wollen – was aus unterrichtspragmatischer Sicht auch nicht notwendig erscheint –, seien zwei Ansätze knapp referiert, die geeignet sind, begriffliche Unterschiede und theoretische Grundlagen zu verdeutlichen, aber auch die Schlussfolgerungen für unterrichtspraktisches Handeln nachzuvollziehen.

Alavi (2016, S. 90 f.) unterscheidet vier *Aneignungsweisen* von Vergangenheit:

- Die basal-perzeptive: Sie geht von einem sinnesgemäßen Erleben aus, was im Geschichtsunterricht etwa durch Erkundungen z. B. einer Burg, durch Schmecken (einer „römischen Mahlzeit") oder Fühlen (ein Faustkeil, eine Münze) ermöglicht werden kann.
- Die konkret-gegenständliche: Sie meint die äußerlich sichtbare Aktivität im Umgang mit Dingen und Personen sowie die Nutzung praktischer Fähigkeiten. Sie ist stark handlungsorientiert ausgerichtet.

- Die anschauliche ist ebenfalls handlungsorientiert, wobei als Zugang Visualisierungen oder Modelle geeignet sind sowie szenische Darstellungen.
- Die begrifflich-abstrakte als die im Geschichtsunterricht verbreitetste, die mithilfe von Zeichen und Symbolen Erkenntnisse auf gedanklichem Weg gewinnt.

Hölscher (2012, S. 104 f.) spricht von vier *Lernstilen* als kognitive Lernstrategien:

- Der verbal-sprachliche Lerner liest gern zu einem Thema und begreift Schreiben als die geeignete Möglichkeit, anderen den Inhalt zu erklären. Schreiben von Texten oder ein Vortrag sind die ihm gemäßen Aktionsformen (Ähnlichkeiten zu 4. bei Alavi).
- Der logisch-mathematische Lerner erschließt sich einen Sachverhalt, indem er oder sie Beziehungen und Muster erkennt. Um Texte verstehen zu können, muss er den Inhalt strukturieren. Seine bevorzugten Verarbeitungsformen sind Mind-Maps oder Concept-Maps.
- Ein visuell-räumlicher Lerner hat eine ausgeprägte Vorstellungskraft, indessen aber seine Probleme mit der inhaltlichen Texterfassung. Ihm oder ihr helfen Visualisierungen (ähnlich wie 2 und 3 bei Alavi). Was seine Lernprodukte anbelangt, wäre er mit der grafischen Gestaltung von Lernplakaten oder der Zeichnung von Comics nicht unterfordert.
- Der physisch-kinästhetische Lerner wird dann angesprochen, wenn er oder sie sinnlich aktiv gefordert wird (Ähnlichkeiten zu 1 bei Alavi), sich bewegen oder seine praktischen (handwerklichen) Fähigkeiten ausspielen kann. Modelle zu erstellen oder szenische Spiele zu entwickeln, wären die angemessenen Verarbeitungsformen seiner Fähigkeiten.

Trotz der unterschiedlichen Begriffe, die u. a. aus einer unterschiedlichen wissenschaftlichen Systematik herrühren, sollte deutlich geworden sein, dass unter unterrichtspraktischen Aspekten Ähnlichkeiten überwiegen. Was bei der ersten Variante mit Aneignungsweisen, bei der zweiten mit Lernstilen bezeichnet wird, verbindet, dass Schülerinnen und Schüler unterschiedliche *Lernzugänge* haben, um sich Vergangenes anzueignen. Gleichermaßen benötigen sie unterschiedliche Lernwege, um ihren Lernprozess abzuschließen, das heißt in einem *Lernprodukt* zu dokumentieren.

Aus diesen Gründen wird in diesem Kapitel mit den Begriffen *Lernzugang* und *Lernweg* operiert.

- *Lernzugang* meint in erster Linie Lernimpulse oder Lernangebote, die textliche, visuelle oder haptische Materialien berücksichtigen.
- *Lernwege* beschreiben die Art und Weise, wie mit dem Lernzugang umgegangen wird, was heißt, sich zu vergegenwärtigen, welche Lernstrategien eingesetzt werden, um ein bestimmtes Lernergebnis zu erreichen, das als Lernprodukt sichtbar wird.

Dies ernst genommen hieße, sich als Lehrkraft von „bewährten" Lernangeboten/-impulsen und Verarbeitungsformen zu verabschieden und sich auf sicherlich sehr aufwendige Alternativen einzulassen: Bislang sind Lernzugänge auf *ein* Material und ein Lernprodukt ausgelegt, was meistens in schriftlicher Form vorliegt bzw. erarbeitet werden soll.

Der Ist-Zustand könnte damit legitimiert werden, dass die „bewährte" Praxis sich als erfolgreich erwiesen habe, oder auch, dass Schriftlichkeit unter den Aspekten der narrativen Kompetenz eine überragende Bedeutung habe. Beidem kann widersprochen werden:

- Verschriftlichung verdeutlicht nicht unbedingt narrative Kompetenz: Zusammenfassungen in Form von Tabellen oder Stichworten haben keine narrative Komponente.
- Es wird unterschätzt oder geschichtsdidaktisch noch zu wenig gewürdigt, dass z.B. Comics, szenische Spiele, Hörspiele, Wandzeitungen narrative Kompetenz spiegeln.

Soweit, so gut! Es gibt aber bei der Differenzierung nach Lernzugängen und Lernwegen/Lernprodukten auch anderes zu überlegen. So variabel eingesetzt wie beschrieben, sollten folgende Bedenken nicht unerwähnt bleiben:

- Welche Alternativen sind im schulischen Alltag verfügbar?
- Wie kann das Prinzip „Fördern" und „Fordern" unterrichtspraktisch umgesetzt werden?
- Wie lassen sich problematische Lernroutinen vermeiden: Immer derselbe Zugang, immer das gleiche Endprodukt?
- Wie lässt sich ein realistisches Zeitmanagement organisieren? Sowohl differenzierte Zugänge als auch Lernwege können sich im Zeitaufwand erheblich unterscheiden.

3.4.1 Lernzugänge

Wollte man alle oben erwähnten Aneignungsweisen bzw. Lernstile jederzeit „bedienen", wäre eine Überforderung der Lehrkräfte programmiert: Hölscher, die dies für eine Unterrichtseinheit im Fach Geografie geleistet hat, kommt zu der ernüchternden, aber nachvollziehbaren Einschätzung (2012, S. 111), dass die Vorbereitung einer Unterrichtsstunde viermal so viel Zeit beanspruchte wie die einer herkömmlichen. Insofern sollte sich die Differenzierung nach Lernzugängen einerseits nach inhaltlichen Prioritäten richten (Wie gelingt ein breit differenzierter Impuls für den Einstieg in eine Unterrichtseinheit? An welchen zentralen = wenigen Stellen der Erarbeitungsphase sind sie dringend erforderlich?). Andererseits stellt sich die Frage nach der Verfügbarkeit.

Für den Geschichtsunterricht sind Texte und visuelle Zugänge relativ leicht verfügbar, jedenfalls dann, wenn unter Texten vornehmlich Quellen oder Darstellungen und unter Visualisierungen vor allem Bildquellen sowie Struktur- oder

Schaubilder verstanden werden. Anders sieht die Situation z.B. für Jugendbücher oder Filme bzw. Comics aus.

Besonders schwierig ist die Situation im Bereich der haptischen Materialien. Für einige historische Epochen kann man auf Museumskoffer zurückgreifen, sofern ein solches Angebot örtlich vorhanden ist. Auf Flohmärkten werden etliche gegenständliche Quellen, ob Münzen, Geldscheine, Gebrauchsgegenstände des Alltags, Briefe oder Kleidungsstücke zu finden sein; dies aber nur für die neueste und Zeitgeschichte und mit erheblichem zeitlichen und finanziellen Aufwand. Modelle und Rekonstruktionen – von virtuellen ist hier nicht die Rede – gibt es mittlerweile zu Hauf, seien es römische Wachstäfelchen, mittelalterliche Burgen bis hin zu Bauteilen zur Rekonstruktion von Teilen der Berliner Mauer inklusive Todesstreifen. Es bliebe freilich immer zu überprüfen, wie historisch triftig die Modelle sind. Letztlich könnte natürlich auf den reichen geschichtsbezogenen Figurenschatz von Playmobil verwiesen werden – jedoch würden diese nur dann Sinn machen, wenn man sie dekonstruieren, das heißt historisch überprüfen würde. Darum geht es aber bei haptischen *Zugängen* eben nicht.

Haptische Zugänge über gegenständliche Quellen oder Modelle/Rekonstruktionen könnten nur dann häufiger in den Geschichtsunterricht einbezogen werden, wenn sich eine Geschichtsfachschaft nach und nach eine Sammlung anlegt, auf die die Lehrkräfte zurückgreifen könnten. In den Naturwissenschaften ist das bekanntermaßen normal.

Zwei Beispiele für differenzierte Lernzugänge sollen die didaktischen Möglichkeiten konkretisieren.

Beispiel 1: die Kaiserkrönung Karls des Großen (Forum Geschichte 1/2, 2015, S. 122 f.)

▸ Zugang A: Ein journalistischer Text (von den Verf. bearbeitet)

„Am Markustag, dem 25. April 799, wurde Papst Leo III. bei einer Prozession überfallen und gefangen genommen. Der Kirchenfürst hatte Glück im Unglück, es gelang ihm zu fliehen. Laut Karls Biografen Einhard wurden dem Papst ‚die Augen ausgestochen und die Zunge ausgerissen'. Ganz so schlimm kann es nicht gewesen sein, denn einige Wochen später konnte Leo bereits wieder sehen und sprechen. Die Auftraggeber des Anschlags waren Verwandte seines Vorgängers. [...]

Im November des Jahres 800 traf der König [Karl der Große] dann selbst in Rom ein. Leo legte einen Reinigungseid ab: Ein korrekt [...] gesprochener Eid ‚bewies' die Unschuld des Angeklagten. Karl verurteilte die Gegner des Papstes zum Tode. Anschließend begnadigte er sie auf Wunsch Leos und verbannte sie aus der Heiligen Stadt.

Was konnte ein derart angeschlagener Papst für einen so mächtigen König zum Dank tun? Leo III. krönte Karl zum Kaiser. Dieser Titel gehörte bis dahin allein dem Byzantinischen Herrscher. Schlagartig hatte sich die Welt verändert: Rom und Westeuropa, die Kirche und das Reich, Kaiser und Papst bildeten eine Einheit, die es in dieser Form nie gegeben hatte. Einhard berichtet, dass Karl von der ‚Krönungsabsicht' Leos nichts gewusst habe. Das ist unwahrscheinlich. Eine symbolisch so aufgeladene Handlung hatte der ehrgeizige Herrscher sicher gut vorbereitet. Seit 801 führte Karl den Titel ‚allergnädigster, erhabener, von Gott gekrönter, großer friedensbringender Kaiser, der das Römische Reich regiert, durch Gottes Barmherzigkeit auch König der Franken und Langobarden'."

(Quebbemann, Britta, PM History, August 2006, S. 9 f.)

- Zugang B: Eine Quelle, Bericht Einhards, Karls Biograf

„Seine [= Karls des Großen letzte Reise nach Rom] hatte mehrere Gründe. Die Römer hatten Papst Leo schwer misshandelt, ihm die Augen ausgestochen und die Zunge ausgerissen, sodass er sich gezwungen sah, den König um Schutz zu bitten. Daher begab sich Karl nach Rom, um die verworrenen Zustände der Kirche zu ordnen. Das dauerte den ganzen Winter. Bei dieser Gelegenheit erhielt er den Kaiser- und Augustus-Titel, der ihm anfangs so zuwider war, dass er erklärte, er würde die Kirche selbst an jenen hohen Feiertagen nicht freiwillig betreten haben, wenn er die Absicht des Papstes geahnt hätte. Die Eifersucht der oströmischen Kaiser, die ihm die Annahme der Titel schwer verübelten, ertrug er dann allerdings mit erstaunlicher Gelassenheit. Er überwand ihren Widerstand durch seine Großmut – denn in dieser Beziehung stand er weit über ihnen – und indem er ihnen zahlreiche Botschaften sandte und sie in den Briefen immer als Brüder anredete."

(Einhard, Vita Karoli Magni, Das Leben Karls des Großen – Lateinisch/Deutsch, Stuttgart (Reclam), Stuttgart 1981, S. 53)

- Zugang C: Die Darstellung der Kaiserkrönung im Dokudrama „Karl der Große" (D/A 2014)

Kommentar:

Es gibt nur zwei Zugänge bezogen auf Aneignungsweisen, was aber für die frühmittelalterliche Geschichte kaum anders möglich ist. Einen weiteren visuellen Zugang könnten Abbildungen von Münzen sein – was das Schulbuch auch tut, sie ersetzen aber letztlich den haptisch orientierten Lernstil. Entscheidender ist die didaktische Konstruktion. Alle drei Zugänge repräsentieren unterschiedliche Triftigkeiten bzw. Perspektiven:

- Einhard ist sozusagen der Pressesprecher oder Hofbiograf, dessen Perspektive durch den wissenschaftsnahen Darstellungstext erheblich relativiert wird.
- Der Film hat, obwohl nahe an den Quellen und Darstellungen orientiert, seine fiktionalen Gestaltungsspielräume.

Angesichts dessen und des erhöhten Arbeitsaufwands können unterschiedliche Zugänge einen erheblichen Mehrwert haben, weil alle drei Zugänge in der unterrichtlichen Auswertung logischerweise berücksichtigt und zusammengeführt werden müssen. Erst durch diese Zusammenführung lassen sich nämlich die Perspektiven erkennen! Ansonsten wären Materialien und Medien nichts anderes als Informationsträger, was einem bewussten (quellen-)kritischen historischen Lernen zuwiderliefe.

Beispiel 2: die neolithische Revolution (Geschichte lernen 131, 2009, S. 18)

- Zugang A: Eine Rekonstruktionszeichnung (siehe Aufgabendifferenzierung, Fächeraufgabe, S. 52)
- Zugang B: Auszug aus einem Jugendbuch (siehe Aufgabendifferenzierung, Blütenaufgabe, S. 53)
- Zugang C: Zwei „Funde“

„Der erste Fund wurde im Jahre 1954 bei Ausgrabungen in Salzgitter-Lebenstedt (Niedersachsen) gemacht: Schaber aus Feuerstein, Feuerschwämmchen, Knochen eines Wolfes, Knochen von Enten, Knochen von Wildpferden, Zeltstöcke neben dicken Steinen, Harpunenspitzen aus Knochen, Knochen eines Geiers, Knochen von Nashörnern, Knochen von Schwänen, Speerspitzen aus Knochen, Messer aus Feuerstein, Knochen von Rentieren, Knochen von Mammuts, Knochen von Wisenten, Rentierknochen-Keulen.
Der zweite Fund wurde 1949 bis 1951 bei Ausgrabungen in Altenerding (Bayern) gemacht: Reibstein, Knochen von Rothirschen, Knochen von Rehen, Henkeltassen aus Ton, Tonflaschen, Pfriemen aus Knochen, Sicheln aus Feuerstein, Knochen von Pferden, Knochen von Schafen, Axt mit einer Schneide aus Hirschschädeln, Henkelkrüge aus Ton, Knochen von Wildschweinen, Knochen von Ziegen, Knochen von Rindern, Knochen von Hausschweinen, Tonscherben mit Getreidekörnern, Knochen eines Hundes, Töpfe aus Ton.“
(Süß/Bickel/Petry 1975, S. 13)

Kommentar:
Die Lernenden sollen erkennen, dass es sich bei dem Übergang von der Alt- zur Jungsteinzeit um einen fundamentalen Wandel handelt. Demzufolge wird für alle drei Zugänge ein identischer Arbeitsauftrag formuliert: Beurteilt, ob ihr die Veränderungen der Lebensweise in der Jungsteinzeit für bedeutend, eher gering oder ganz unwichtig erachtet. Zuvor müssen mit entsprechenden Aufgabenstellungen die Funde nach Tieren und Gerätschaften sortiert, die Unterschiede der Lebensweisen in den beiden Rekonstruktionszeichnungen benannt sowie beschrieben werden, wie sich die Lebensweisen von Dilgo und Mirtani unterschieden.

Alle drei Zugänge ermöglichen das Erreichen des Lernziels (Fundamentum). Der textliche Zugang ließe sich auch durch Ausschnitte aus einem Verfassertext ersetzen, wäre aber nicht so anschaulich. Der haptische ist natürlich kein realer, ließe sich aber durchaus – wenngleich nicht in allen Aspekten – durch einen Museumskoffer realisieren.

Im ersten Beispiel wurde als visueller Zugang ein Filmausschnitt gewählt. Während die Arbeit mit Filmszenen noch vergleichbar leicht zugänglich ist, wenn es sich um Unterrichtsfilme handelt – die aber häufig wenig spannend sind –, ist es erheblich schwieriger, weil unglaublich aufwendig, Spielfilmszenen als Zugang zu wählen.

Deshalb soll an dieser Stelle auf zwei Themenhefte von *Geschichte lernen (158) 2014* und *Praxis Geschichte 5/2006* verwiesen werden, die jeweils Auszüge aus Spielfilmen mit historischem Inhalt unterrichtlich aufarbeiten. Folgende Spielfilme werden behandelt.

Geschichte lernen	**Praxis Geschichte**
▸ Spartacus: Sklaverei im alten Rom ▸ Königreich der Himmel: Kreuzzüge ▸ 1492. Die Eroberung des Paradieses: Landung des Kolumbus in der „Neuen Welt". ▸ Luther: Ablasshandel ▸ Im Westen nichts Neues: Jugendliche Kriegsbegeisterung 1914 ▸ Napola: Nationalsozialistische Indoktrination ▸ Inglourious Bastards: NS-Erinnerungskultur	▸ Luther: Romfahrt und Ablasshandel ▸ Der Rote Kakadu: Jugendkultur in der DDR kurz vor dem Mauerbau ▸ Der neunte Tag: Kirche und NS-Regime ▸ Oliver Twist: Lebenswelt von Kindern im frühen 19. Jahrhundert ▸ Das Wunder von Bern: Aufarbeitung einer Legendenbildung ▸ Good bye, Lenin!: Der Einbruch des Kapitalismus in die Welt des Sozialismus

Ein Lernzugang blieb bislang unerwähnt, der den Schülerinnen und Schülern in ihrer Lebenswelt sehr vertraut ist, nämlich der auditive, der sie in Gestalt von Popmusik ständig umgibt – als Freizeitvergnügen, nicht aber als Medium und Gegenstand historischen Lernens. Dazu könnten Popsongs aber sehr gut geeignet sein, weil viele von ihnen nicht nur zeitgemäßen Lebensgefühlen von Jugendlichen Ausdruck verleihen, sondern z. T. Trends setzen, was Kleidung, Haartracht, Verhältnis zu Autoritäten oder Sprachcodes anbelangt. Zuweilen nehmen sie Stellung zu gesellschaftlichen Entwicklungen und Problemen sowie politischen Entscheidungen, was sie in diesen Fällen als besonders ertragreich für historisches Lernen ausweist.

Es stimmt zwar, dass mit dem Fokus auf Popsongs nicht nur andere Lieder (zeitgenössische Protestsongs oder Hymnen etc.), erst recht aber andere auditive Zugänge ausgeblendet bleiben wie historische Reden, Hörspiele, Reportagen oder Podcasts, um nur wenige zu nennen. Entscheidend für einen motivierenden Zugang für historisches Lernen ist aber vor allem seine Anschlussfähigkeit für Lernende. Darauf bezogen, ist die historische Rede im Vergleich zu einem Popsong genauso unterlegen wie der Unterrichtsfilm gegenüber einem Spielfilm – auch, wenn es gute didaktische Argumente geben mag und gibt, die darin eine bedauerliche Engführung sehen.

Aus diesen Gründen sollen Möglichkeiten vorgestellt werden, wie Popsongs in Kombination mit anderen Lernzugängen historisches Lernen anregen können.

Dass diese Beispiele allesamt aus der Zeitgeschichte stammen, ist nicht verwunderlich – erst in ihr ist das Genre entstanden, und es bietet eine sehr breite Auswahl an Möglichkeiten.

Popsongs als Ausgangspunkt für Differenzierung nach Lernzugängen			
	Lernzugang 1	**Lernzugang 2**	**Lernzugang 3**
Die kulturelle Revolution der 1960er-Jahre	„My Generation“ von The Who oder „San Francisco“ von Scott McKenzie	Werbeplakate oder Fotocollagen (Haartracht, Kleidung) oder Ausschnitte aus dem „Beat Club“ (seit 1965)	Zeitzeugenberichte oder Leserbriefe zum „Beat Club“ oder Interviews mit Großeltern
Die Friedensbewegung der frühen 1980er-Jahre	„Aufstehn“ von den Bots; „99 Luftballons“ (Nena); „Ein bisschen Frieden“ (Nicole)	Fotos von Großdemonstrationen in Bonn oder Menschenketten in Baden-Württemberg	Ereignischronologie oder Quellenauszüge: NATO-Doppelbeschluss/Krefelder Appell
Die friedliche Revolution in Osteuropa seit 1989	„Wind of Change“ (The Scorpions)	Fotos von Demonstrationen der DDR-Opposition oder Grafik zur Einstellung der Bevölkerung der DDR zur Vereinigung	Chronologie der Ereignisse oder Dokumente der Opposition in der DDR

Es bleibt freilich zu beachten, dass neben den positiven Aspekten auch die weniger erfreulichen „Nebenwirkungen“ gesehen werden müssen. Aus Sicht der Lernenden suggerieren unterschiedliche Lernzugänge, dass dies immer und überall möglich sei. Ihnen kann sicherlich vermittelt werden, dass z.B. Spielfilmausschnitte oder Popsongs nicht immer zugänglich sind. Aber das ist das geringste Problem. Entscheidender ist, dass bestimmte Lernzugänge sich verfestigen: Immer ein Videoclip oder ein auditiver Lernzugang.

Dieses Problem, also die Festigung von Lernroutinen, soll an dieser Stelle nur benannt, aber erst nach dem Kapitel „Lernwege“ grundsätzlicher diskutiert werden, denn dort trifft es genauso zu.

3.4.2 Lernwege und Lernprodukte

Beginnt der Lernprozess mit dem identischen Ausgangsmaterial für alle, sind trotzdem unterschiedliche Lernwege möglich, um den Arbeitsauftrag zu bearbeiten, was gleichermaßen für die Lernprodukte gilt. Erst recht besteht eine Vielfalt, wenn unterschiedliche Lernzugänge zur Erschließung einer historischen Problematik angeboten werden.

Betrachtet man die Situation im Leitmedium des Geschichtsunterrichts, ist davon wenig zu merken. In den meisten Fällen wird auf ein sehr enges Spektrum an Schreibaufträgen rekurriert, was erklärungsbedürftig erscheint. Das genannte Phänomen lässt sich – wenngleich in den letzten Jahren in abgeschwächter Form – auch für veröffentlichte Unterrichtsmaterialien feststellen. Die m. E. entscheidende Erklärung sind wohl die sorgsam erarbeiteten Operatorenlisten, die ursprünglich dazu gedacht waren, schriftliche Leistungen im Abitur besser und gerechter beurteilen zu können, anschließend freilich ein zunächst wenig zu kritisierendes Eigenleben entwickelt haben: Schülerinnen und Schüler sollten an die Arbeit mit ihnen langsam herangeführt werden, um in Prüfungssituationen nicht überrascht zu werden. Insofern listen sie viele Geschichtsbücher in den Anhängen in Auswahl auf – und Autorinnen und Autoren halten sich in den Aufgabenstellungen daran. Sie verhindern aber durch die Konzentration auf schriftliche Äußerungen eine mögliche Differenzierung nach Aneignungsformen.

Eine zweite (freundlichere) Erklärung könnte lauten, dass angesichts des Narrativierungsparadigmas das historische Erzählen eingeübt werden solle. Die meisten operatorengeleiteten Aufgabenstellungen erfüllen diese Forderung eher rudimentär, weil sie sich primär auf Erschließungs(Analyse-)kompetenz, in deutlich geringerem Maße auf Interpretationsaufgaben (Urteilskompetenz) beziehen und eher geringen Spielraum für eigenständige Erzählungen lassen. In Ansätzen lassen sich in den letzten Jahren Fortschritte festmachen, etwa in Aufgabenstellungen, die zum perspektivischen Schreiben anregen oder Reden oder Dialoge entwickeln lassen. Im Übrigen erschöpft sich narrative Kompetenz nicht in reiner Schriftlichkeit, was zugleich die Möglichkeit beinhaltet, ausgehend von nicht schriftlichen Zugängen andere Lernwege einzuschlagen und z. B. auch visuelle Lernprodukte (z. B. Lernplakate oder Comics) zu erstellen.

In einem ersten Schritt soll verdeutlicht werden, wie viele Möglichkeiten bestehen, Lernwege zu gestalten und in entsprechende Lernprodukte zu überführen (angelehnt an Völkel 2016, S. 60 ff.):

Umgang mit Texten

- Wichtige Begriffe unterstreichen/Zwischenüberschriften formulieren und sie dann zusammenfassen: stichwortartig, tabellarisch oder in ganzen Sätzen.
- Quellen in „heutige“ Sprache übersetzen.
- Schnippeltexte: Zwei unterschiedliche Inhalte werden in einem Text verarbeitet; oder schlichter: ein Inhalt wird korrekt zusammengesetzt.
- Starthilfen vorgeben.
- Anzahl der erwarteten Sätze vorgeben.
- Gegentexte erstellen = genau das Gegenteil von dem sagen, was im Text steht.
- Einen „Lügentext“ entwickeln: In die Vorlage bewusst Fehler einbauen, die zu korrigieren sind.

- Einen Text in einen Dialog oder ein Interview verwandeln.
- Aus einer Textvorlage einen Lückentext entwickeln.
- Einen Text aus einer bestimmten Perspektive schreiben.

Umgang mit visuellen Materialien
- Bilder zum Reden bringen: Sprech- oder Denkblasen einfügen.
- Eine Bilderfolge/einen Comic zeichnen.
- Ausgangsimpulse in einem Standbild festhalten.
- Eigene Wahlplakate, Karikaturen oder Fotocollagen herstellen.
- Videoclips produzieren.
- Bildfolgen (z. B. Fotos zur Teilung Deutschlands nach 1945) chronologisch einordnen.
- Ein Bilderpuzzle zusammensetzen.
- Einen Gegenentwurf entwickeln, z. B. zu einem Denkmal.
- Briefmarken historisch einordnen.
- Bilder rekonstruieren lassen: Bildelemente entfernen und ergänzen lassen.
- Bilder „fälschen“: In Bilder historisch Unsinniges einfügen (Personen, Landschaft etc.) und korrigieren lassen.

Anschaulichkeit und Haptik
- Modelle aus Bastelbögen bauen.
- Ein Diorama erstellen: ein Wohnplatz der Altsteinzeit; ein ägyptisches Grabmal.
- Rollenspiel oder Simulationsspiel
- Plan- oder Entscheidungsspiel
- Lieder singen.
- Zu Musik tanzen.
- Rätsel entwickeln und für historisches Lernen nutzen.
- Sich historisch kleiden und standesgemäße Unterschiede erkennen: Altes Rom, Unternehmer und Arbeiter im 19. Jahrhundert.
- „Zeitgenössisch“ kochen.
- Ein römisches Gastmahl/ein mittelalterliches Gelage nachempfinden.
- Aus Kleidungsgegenständen ermitteln, welcher sozialen Schicht sie entstammen.
- Aus Rezepten rückschließen, für wen sie gedacht waren.

All dies und sicherlich noch mehr wäre möglich, wenn man den unterrichtlichen Alltag des Doppelstundenmodus ausblenden würde. Denn dort könnten viele der genannten – aber bei Weitem nicht ausgeschöpften – Möglichkeiten als zwar wünschenswert, angesichts von Zeitmanagement und Stofffülle aber unrealistisch gelten. Darauf wird zurückzukommen sein.

Was ist in diesem Rahmen realistisch?

Ausgangspunkt ist wiederum das Geschichtsbuch. Besonders auffällig sind die Verfassertexte. In seltenen Fällen bieten sie überhaupt Aufgabenstellungen an:

Was sollen Lernende mit Verfassertexten anstellen? Diese Texte sollen Schülerinnen und Schülern einen überschaubaren historischen Zustand oder abgegrenzte historische Entwicklungen verständlich und nachvollziehbar vermitteln. Wichtige Teilaspekte werden anschließend anhand unterschiedlicher Materialien problemorientiert vertieft oder exemplarisch veranschaulicht. Verfassertexte sollten über einen Arbeitsauftrag erschlossen werden, wobei eine Differenzierung nach Lernwegen sehr sinnvoll ist.

Eine schriftliche Zusammenfassung im herkömmlichen Sinne ist wenig ertragreich, weil die Texte selbst schon eine erhebliche Komprimierung von historischen Zusammenhängen im Sinne einer Reduzierung von Komplexität darstellen. Eine stichwortartige, tabellarische Zusammenfassung in geschlossenen Sätzen ist folglich wenig geeignet. Es bestehen aber andere Möglichkeiten (Broders 2002, S. 51):

- Lernende können ein Begriffsraster (ein Glossar) entwickeln, das heißt, wichtige Begriffe werden herausgeschrieben und knapp erklärt;
- Sie können eine Mind-Map (ein Word Web) erstellen, die zentrale Aspekte herausfiltert und Verbindungslinien aufzeigt.
- Sie können ein Frage-Antwort-Spiel entwickeln, das, über das Glossar hinausgehend, auch wichtige Ereignisse aufgreifen kann.

Auf solchen unterschiedlichen Wegen kann tatsächlich eine vertiefte Aneignung des Verfassertextes erfolgen. Bei entsprechender Zeit könnten diejenigen, die das Spiel entworfen haben, es zur Wiederholung und Festigung im Klassenplenum einsetzen.

Ansonsten sollte eine Differenzierung nach Lernwegen dosiert eingesetzt werden, vor allem dann, wenn sich zwei oder drei unterschiedliche Wege bezogen auf eine zentrale Erkenntnis oder Kompetenz geradezu anbieten. Dazu drei Beispiele:

Beispiel 1:

Immer, wenn es um die soziale Dimension von Geschichtsbewusstsein geht, die sich z. B. in Kleidung, Wohnverhältnissen, Einkommen oder Berufen spiegelt, lassen sich sehr gut Lernwege differenzieren, indem die unterschiedlichen Perspektiven der Beteiligten verdeutlicht werden: durch Dialoge, Schreiben aus einer gewählten Perspektive; durch ein Standbild, dadurch, dass Bilder durch Sprechblasen zum Sprechen gebracht werden; durch ein kleines Rollenspiel.

Beispiel 2:

Geht es um zentrale Konflikte und Ereignisse (politische Dimension von Geschichtsbewusstsein) – man denke etwa an die Ständekämpfe in Rom, die Auseinandersetzung um die Herrschaft in mittelalterlichen Städten oder den Sturm auf die Bastille –, wären u. a. folgende Differenzierungen nach Lernwegen sinnvoll: Eine Rede oder ein Flugblatt verfassen; ein Plakat oder eine Bilderfolge gestalten; ein Streitgespräch/eine Diskussion führen.

Beispiel 3:
Moralische Aspekte von Geschichtsbewusstsein haben deshalb eine besondere Relevanz, weil Lernende erkennen müssen, dass einige heutigen Wertvorstellungen zeitgenössisch betrachtet gar nicht oder nur teilweise galten: So wurde die Sklaverei in der Antike keinesfalls als moralisch verwerflich angesehen oder Eltern, die im 19. Jahrhundert ihre Kinder z. T. Schwerstarbeit verrichten ließen, hatten damit genauso wenig Skrupel wie viele Unternehmer. Insofern bieten sich differenzierte Lernwege an, die in textlicher Form (z. B. tabellarisch), auf visuelle Art (z. B. über ein Plakat) oder spielerisch zunächst einmal den Unterschied zwischen damals und heute herausarbeiten.

Die Möglichkeiten einer sinnvollen Differenzierung nach Lernwegen sind also durchaus in geschlossenen Unterrichtsformen vorhanden, stoßen aber an Grenzen. Mit Blick auf den Ausgangspunkt des gesamten Kapitels (Aufgabendifferenzierung, hier insbesondere Fächer- und Blütenaufgaben) und die anderen Kapitel durchziehend, sollte deutlich geworden sein, dass erst durch eine weitere Öffnung des Unterrichts und eine langfristige Planung über die Doppelstunde hinaus – mit zeitlich längeren Gruppenarbeitsphasen, durch das Einbeziehen besonderer Differenzierungsmethoden wie Stationenlernen und Wochenplanarbeit, durch Frei- und Projektarbeit – das breite Potenzial von Instrumenten der Differenzierung, z. T. der Individualisierung, ausgeschöpft werden kann.

Dies ist auch deshalb von Bedeutung, weil durch eine breitere Lernwegedifferenzierung eine Vielfalt von Lernprodukten entsteht, die es erheblich erleichtert, zu einer differenzierten Leistungsbewertung zu gelangen.

So kann es gelingen	Unbeabsichtigte Nebenwirkungen
▸ gezielter Einsatz	▸ Trifft nicht die Bedürfnisse der Lernenden.
▸ dosierte Verwendung	▸ Ruf nach ständigen Alternativen.
▸ Varianz	▸ Fördert Lernroutinen.
▸ Beachtung von „fördern“ und „fordern“	▸ „Fördern“ braucht ein Minimum an Forderung; „Fordern“ heißt auch, nicht immer auf leichtere Varianten auszuweichen.
▸ Schülerideen einbeziehen und prüfen	▸ Eigene Ideen können Überforderungen bedeuten, aber auch ständiges Ausweichen vor anspruchsvolleren Aufgaben.

3.5 Differenzierte Leistungsnachweise

Schule ist kein Ort, an dem lediglich bestmöglich pädagogisch gefördert wird, sondern der auch dafür steht, dass über unterschiedliche Abschlüsse entschieden wird, welche schulischen und/oder beruflichen Perspektiven Lernende haben. Kontinuierliche Leistungsfeststellungen und Abschlussprüfungen sind Indizien für diesen selektiven Mechanismus. Es wäre absurd, diesen Aspekt auszublenden: Differenziert lernen, aber undifferenzierte Leistungsnachweise? Dann wäre Binnendifferenzierung eine pädagogische Spielwiese, die im Ernstfall (Leistungsnachweis, Abschlussprüfung) Lernende allein lässt, mehr noch, viele von ihnen um ihre mögliche Leistungsfähigkeit betrügt. Auch Leistungsnachweise müssen folglich Differenzierungsangebote enthalten. Wobei zwischen neuen Leistungs- und Prüfungsnachweisen und Differenzierungsmöglichkeiten in klassischen Leistungsformaten zu unterscheiden ist.

Zunächst ist es notwendig, zwischen *Lernkontrollen/Kompetenzchecks* und *Leistungsnachweisen* zu unterscheiden. Erstere werden in der Regel – es sei denn, die Lehrkraft kündigte auf der Grundlage von rechtlichen Möglichkeiten anderes an – nicht benotet, was bedeutet, dass mit ihnen summativ am Ende einer Unterrichtseinheit Fortschritte bzw. Defizite bezogen auf Lernziele und Kompetenzen überprüft werden. In diesen Fällen handelt es sich also um Probehandeln auf differenzierter Basis: In Geschichtsbüchern der neueren Generation wird den Schülerinnen und Schülern meistens über gestufte Aufgabenstellungen die Möglichkeit gegeben, ihr Wissen und Können zu überprüfen. Probehandeln bedeutet, dass sie folgenlos von schwierigeren Aufgaben zu leichteren wechseln können – und umgekehrt. Schulbücher arbeiten häufig mit folgender Variante: Das Beispiel ist Teil einer Selbstüberprüfung am Ende einer Unterrichtseinheit zum „Kalten Krieg" (s. Abb. 21, S. 122). Man erkennt einen nach Schwierigkeiten ansteigenden Weg von einer rein zeitlichen Einordnung über eine historische Kontextualisierung bis hin zu einem begründeten Werturteil.

Lässt man Schulbücher außer Acht, gibt es auch andere Formen, Kompetenzen zu überprüfen, wie dieses Beispiel zur Kartenarbeit im Geschichtsunterricht zeigt (s. Abb. 22, S. 122).

Einmal abgesehen davon, dass es bei beiden Beispielen sinnvoll wäre, nicht nur hier oder dort anzukreuzen, sondern sich in einer schriftlichen Antwort zu vergewissern, was man kann, beinhalten sie trotz oder wegen der Folgenlosigkeit für eine Benotung durchaus problematische Nebenwirkungen. Dies gilt weniger für die eher wenig motivierten oder leistungsschwächeren Lerner: Sie können u.U. erkennen, dass sie nicht nur schlichten Anforderungen genügen und somit motiviert werden, sich auch an schwierigeren zu versuchen. Anders könnte dies bei den „Spitzen" der Klasse aussehen: Sie müssten sich nicht notwendig immer besonderen Herausforderungen stellen – ihr Verhalten wäre ja folgenlos, weil eine Beurteilung (Benotung) nicht stattfindet.

Zitate einordnen

Du kannst ...
a) die Zitate den entsprechenden Jahreszahlen zuordnen. ✔

b) den historischen Zusammenhang benennen, in dem diese Zitate geäußert wurden. ✔✔

c) zu den Zitaten eine eigene begründete Position beziehen und erläutern. ✔✔✔

1968	A
1987	B
1947	C
1945	D
1983	E

Josef Stalin: 1
Wer immer ein Gebiet besetzt, erlegt ihm auch sein eigenes gesellschaftliches System auf.

Michael Gorbatschow: 2
Perestroika bedeutet Initiative der Massen: Entwicklung der Demokratie auf breiter Basis.

Ronald Reagan: 3
Um den Frieden zu erhalten, müssen wir stark genug sein, jeden potenziellen Aggressor überzeugen zu können, dass Krieg keinen Vorteil, sondern nur Katastrophen bringen würde.

Harry S. Truman: 4
Es ist eines der Hauptziele der Außenpolitik der Vereinigten Staaten, Bedingungen zu schaffen, die es uns und anderen Nationen ermöglichen, eine Lebensform zu gestalten, die frei ist von Zwang.

Leonid Breschnew: 5
Die sozialistischen Staaten setzen sich für die strikte Beachtung der Souveränität aller Länder ein. Und wir wenden uns nachdrücklich gegen die Einmischung in die inneren Angelegenheiten anderer Staaten.

Abb. 21: Differenzierte Kompetenzüberprüfung (aus: Denk/Mal 4, Ausgabe Hessen, 2013, S. 151)

Kriterium	Anforderung 1	Anforderung 2	Anforderung 3	Anforderung 4
Aufbau einer Geschichtskarte	Ich weiß nichts über den Aufbau einer Geschichtskarte.	Ich kenne einen Baustein einer Geschichtskarte (z. B. die Legende) und finde diesen auch auf einer Geschichtskarte.	Ich kann alle wichtigen Bestandteile einer Geschichtskarte benennen und auf einer Geschichtskarte finden.	Ich kenne und finde alle Bausteine einer Geschichtskarte. Weiter kann ich diese Bestandteile benennen, erläutern und ihre Funktion erklären (Kartentitel, Legende, Signaturen).
Grundlegendes zur Geschichtskarte	Ich weiß nicht, was eine Geschichtskarte ist.	Ich kenne eine bestimmte Geschichtskarte und kann erklären, warum es eine Geschichtskarte ist.	Ich kenne zwei unterschiedliche Geschichtskarten, kann erklären, warum es jeweils Geschichtskarten sind. Und ich kann die Unterschiede in den Darstellungsformen der beiden Karten erklären (z. B. statische und dynamische Karte).	Ich kann an beliebigen Karten (oder sogar ohne) erläutern, was eine Geschichtskarte ist und kenne die verschiedenen Darstellungsformen. Ich weiß, wozu diese unterschiedlichen Arten von Geschichtskarten verwendet werden können.
Geschichtskarte lesen	Ich weiß nicht, wie eine Geschichtskarte gelesen werden kann.	Ich kann konkrete Orte, Gebiete oder Siedlungen auf einer Geschichtskarte finden.	Ich kenne zwei spezifische Merkmale von Geschichtskarten (Schraffur, Doppelschraffur, Pfeile, Linien ...) und kann diese an einer Karte erläutern.	Ich kann beliebige Geschichtskarten lesen und die verschiedenen Darstellungen auf diesen Karten erläutern.

Abb. 22: Kompetenzraster Kartenarbeit (Heuer 2007, S. 29)

Bei *Leistungsnachweisen* sieht die Situation vollkommen anders aus. Werden Leistungsnachweise in differenzierter Form angeboten, *kann* die Wahl eines Angebots erhebliche Konsequenzen für die Note haben. Dies betrifft beide der bislang idealtypisch ausgewählten Lerner, allerdings in unterschiedlicher Weise. Zu bedenken ist, dass bei Leistungsnachweisen nicht die Möglichkeit besteht, vom vermeintlich „Einfachen" zum „Schwierigen" aufzusteigen, sondern die erste Option *entscheidend* für das weitere Vorgehen und folglich für die zu erreichende Punktzahl ist.

Nehmen wir einmal an, ein für den Geschichtsunterricht in der Sekundarstufe I typischer Test, der z. B. sechs Aufgaben enthielte, hätte bei zwei Aufgaben ein Differenzierungsangebot in Form von Tippkarten. Es könnten folgende Szenarien eintreten.
Für die „schwächeren" Lerner:

- Die Ausgangsfragestellung, die bei korrekter Beantwortung z. B. 6 Punkte erbrächte, ist ihnen zu anspruchsvoll. Sie verlangen sofort die zweite Tippkarte, mit deren Hilfe sie die Aufgabe beantworten können, was ihnen zwei Leistungspunkte brächte. Das ist immerhin mehr, als sie vermutlich ohne Differenzierungsangebot erreichen würden.
- Sie versuchen sich an der Ausgangsfragestellung und rufen dann – im Falle des Scheiterns – nach und nach die beiden Tippkarten ab. Sie hätten dann immer noch einen Mindesterfolg, aber zugleich erhebliche Zeit verloren, um die übrigen Testaufgaben zu lösen.

Für die „stärkeren" Lerner:

- Angesichts der Wahlmöglichkeiten gehen einige „auf Nummer sicher", das heißt, sie nehmen eine Tippkarte zu Hilfe, was bedeuten könnte, dass sie ihr eigentliches Potenzial nicht voll ausschöpfen, was sich in der Note für den Test widerspiegeln könnte.
- Dieses Verhalten kann sich umso mehr festigen, wenn sie bei Lernkontrollen selten oder gar nicht mehr die anspruchsvollen Aufgaben gewählt haben, sich selbst also ständig unterfordert haben. Deshalb ist es seitens der Lehrkräfte besonders wichtig, in Lernphasen solche Schülerinnen und Schüler zu motivieren, Herausforderungen anzunehmen, zuweilen auch mit dem extrinsischen Motivationshinweis auf Folgen bei Leistungsnachweisen.

Bezogen auf den schulischen Alltag, ergeben sich unterschiedliche Differenzierungsmöglichkeiten für Leistungsnachweise, je nachdem, ob es sich um traditionelle oder neuere Formen der Leistungsüberprüfung handelt. Bei beiden gilt, dass das gesamte Spektrum von Differenzierungsmethoden (mit Einschränkungen: Lernzugänge) ausgeschöpft werden kann.

3.5.1 Traditionelle Formen der Leistungsüberprüfung

Neben der mündlichen Mitarbeit, die besonders für die Sekundarstufe I große Relevanz besitzt (= Geschichte als mündliches Fach, abgesehen von integrativen Gesamtschulen), handelt es sich in der Hauptsache um Tests (Sekundarstufe I) und um Klausuren (Sekundarstufe II). In der Tat ist es angesichts rechtlicher Vorschriften, die für das betreffende Bundesland zu beachten sind, nicht immer leicht, aber doch möglich, Differenzierungsangebote zu machen.

Es ist allerdings bemerkenswert, dass sich in den letzten 20 Jahren eine erhebliche Erweiterung des Spektrums von „sonstigen" Leistungsnachweisen für die Sekundarstufe I vollzogen hat. Als Leistungsnachweise können neben den genannten herangezogen werden:

- Wandzeitungen,
- Collagen,
- Protokolle,
- Referate und Präsentationen,
- Projektarbeiten,
- kleine Facharbeiten,
- Recherchen,
- Erkundungen,
- selbstständige Untersuchungen.

Dieses (unvollständige) Spektrum gilt nicht – wie erwähnt – für jedes Bundesland, schafft aber die Möglichkeiten, Leistungsnachweise zu differenzieren, wenn nicht zu individualisieren. Differenzierung hieße in diesem Fall, Lernern Leistungsnachweise je nach ihren Stärken anzubieten, die dann in eine Unterrichtsnote Geschichte eingingen. Das würde einen etwas anderen Umgang mit Benotungen bedeuten: Die Lehrkraft würde für ein Halbjahr nicht nur die Unterrichtsinhalte und die Schwerpunkte des Kompetenzerwerbs ankündigen, sondern auch, welche Leistungsnachweise möglich sind, aus denen ausgewählt werden kann oder welche verbindlich sind und welche gewählt werden können (ausführlicher zur Unterrichtsnote: Adamski 2014, S. 105ff.).

Eine solche Differenzierung berührt allerdings noch nicht das Kernproblem, wie *innerhalb* eines Tests oder einer Klausur differenziert werden kann. Solange beide Formate sozusagen Klassiker der Leistungsüberprüfung sind – hoffentlich auf Dauer nicht bleiben –, steht binnendifferenzierter Geschichtsunterricht hier vor einer der größten Herausforderungen.

Ein Differenzierungsangebot für eine Klausur muss nicht notwendigerweise bedeuten, dass die Bearbeitung der ein oder anderen Variante Konsequenzen für die Note haben muss. Die Auswahl zwischen zwei Quellen oder eine zwischen schriftlicher Quelle und einer visuellen Repräsentation muss nicht zu Abstrichen in der Beurteilung führen, kann es aber, wenn die jeweiligen Alternativen *unstrittig* ein unterschiedliches Anspruchsniveau haben. Wenn als Alternative zu einem Quellentext ein Darstellungstext z. B. aus einer Zeitung steht, ist es wahrscheinlich, dass die Quelle anspruchsvoller ist, das heißt die entsprechende Schülerwahl Konsequenzen für die Benotung hat. Beispielsweise könnte die Beurteilung einer Klausur zum Grundlagenvertrag zwischen BRD und DDR aus dem Jahr 1972 nicht zur Note „sehr gut" (14 Punkte) führen, wenn eine Darstellung statt eines Auszugs aus dem Vertrag als Materialgrundlage gewählt würde. Das könnte anders aussehen, wenn es sich bei der Darstellung um ein Historikerurteil handelt. Das heißt: Es ist jeweils seitens der Lehrkraft im Einzelfall zu entscheiden und dies gegenüber den Lernenden zu begründen.

Dasselbe gilt für Tests in der Sekundarstufe I: Wahlmöglichkeiten können gleichwertig sein oder auch nicht. Bei Lernhilfen ist von vornherein klar, dass dies nicht der Fall ist. Sie führen immer zu einem Punktabzug – sie sind aber nicht die einzige Differenzierungsmöglichkeit. Wie lässt sich hier sinnvoll differenzieren?

Tests

Sie sind nach wie vor die häufigste Form der schriftlichen Leistungsüberprüfung in der Sekundarstufe I. Tests sind meistens so konstruiert, dass sie leichtere mit schwierigeren Aufgaben kombinieren sowie bei der Aufgabengestaltung ein breiteres Spektrum von geschlossenen, halboffenen und offenen Aufträgen berücksichtigen.

Ein Beispiel für den Abschluss der Unterrichtseinheit „Antikes Athen" zeigt die Abbildung 23. Es handelt sich im Kern um Wissensfragen (1–4), die in unterschiedlichen Varianten – Zuordnung, Lückentext, halboffene Fragen – angeboten werden. Die fünfte Aufgabe zielt auf eine Perspektivenübernahme als offene Aufgabe, die letzte auf ein Sachurteil.

Welche Differenzierungsmöglichkeiten bestehen mit welchen Folgen für die Leistungen (Noten) der Schülerinnen und Schüler?

- Beim Lückentext könnten bezogen auf die schwierigste Variante die Begriffe weggelassen werden; eine erste Tippkarte könnte drei oder vier an den richtigen Stellen nennen; eine zweite Hilfe könnte alle 13 aufführen. Die Wahl von Tippkarten hätte natürlich die Konsequenz, dass die Ausgangspunktzahl nicht erreicht werden könnte. Aber: Deutlich mehr Lernende könnten, wenn die Ausgangsfragestellung für sie eine reine Raterunde wäre, immerhin zu einer befriedigenden Leistung gelangen.
- Die fünfte Aufgabe ist sehr anspruchsvoll, nämlich sich zugleich in zwei nicht in der Volksversammlung vertretenen Gruppen und in ein Mitglied der attischen Polis hineinzuversetzen, das nicht zu den reichen oder gut versorgten Polismitgliedern gehörte, wohl aber im Prinzip über eine Mitbestimmungsmöglichkeit bei politischen Angelegenheiten verfügte. In diesem Fall könnte die Lehrkraft die Aufgabe dadurch entlasten, dass sie Wahlmöglichkeiten anbietet, sich z. B. nur auf eine oder zwei Perspektiven einzulassen – wiederum mit Punktabzügen, wobei diese anspruchsvolle Aufgabe ohnehin im Vergleich mit den anderen deutlich zu wenig Gewicht für die Gesamtbewertung hat.

1

GL-Arbeit Nr. 3 / Jg. 6	Name:	Datum:
Mögliche Punkte: 43	Erreichte Punkte:	Note:

1. Ordne die unten stehenden Daten den Ereignissen zu. ☐ /2,5 P

_______________ angeblich die ersten Olympischen Spiele
_______________ in Griechenland entstehen Stadtstaaten
_______________ Alexander der Große setzt mit einem Heer nach Kleinasien über
_______________ die griechische Kolonisation beginnt
_______________ die Römer verbieten die Olympischen Spiele

um 800 v. u. Z.	776 v. u. Z.	um 750 v. u. Z.	334 v. u. Z.	394

2. Ordne den Erklärungen die richtigen Begriffe zu. ☐ /3,5 P.

A: Staatsform mit einem erblichen König	_____ Aristokratie
B: Herrschaft des Volkes	_____ Polis
C: Auswanderung der Griechen in Tochterstädte	_____ Hellenismus
D: Herrschaft des Adels	_____ Demokratie
E: Verbreitung der griechischen Kultur	_____ Olympische Spiele
F: Feier zu Ehren der Götter	_____ Kolonisation
G: Griechischer Stadtstaat	_____ Monarchie

3. Setze die Zahlen der unten stehenden Begriffe an der richtigen Stelle in die Lücken ein! ☐ /13 P.

In der gebirgigen und küstenreichen griechischen Landschaft entstanden nach 800 v. u. Z. viele selbstständige ☐. Trotz unterschiedlicher Herkunft und Herrschaft sahen sich die einzelnen Stämme aufgrund ihrer verwandten Sprache, Religion und Dichtung als Einheit. Sie nannten sich ☐. Das wichtigste Götterfest fand in ☐ zu Ehren von Zeus und Hera statt.
Die wachsende Bevölkerung und der geringe Ertrag des Bodens zwangen viele Griechen zur Auswanderung. Sie gründeten an den Küsten des Schwarzen Meeres und des Mittelmeeres zahlreiche ☐ .
Unter den Stadtstaaten ragten im 5. Jh. v. u. Z. zwei heraus: ☐ als stärkste Landmacht und ☐ als führende Seemacht.
In Athen entwickelte sich Mitte des 5. Jh. eine neue Staatsform: die ☐. Nicht mehr Könige oder Adlige regierten, sondern das ☐. Jeder wehrfähige Bürger Athens konnte sich am politischen Leben sowie an der Rechtsprechung beteiligen. In der ☐ hatten alle

2

das gleiche Stimmrecht. Keine Bürgerrechte besaßen [ ], eingewanderte „Mitbewohner“ und [ ].
Im 3. Jh. v. u. Z. geriet das Land unter den Einfluss König Philipps II. von Makedonien. Dessen Sohn _____ nutzte die innere Schwäche des persischen Großreichs und eroberte es ab 334 v. u. Z. Er schuf die Voraussetzungen für den [ ], die Verbreitung der griechischen Kunst und Kultur in der Antike.
Nach dem Tod Alexanders 323 v. u. Z. zerfiel das Reich unter seinen Nachfolgern.

1: Alexander der Große | 2: Athen | 3: Demokratie | 4: Frauen | 5: Hellenen | 6: Hellenismus | 7: Kolonien | 8: Olympia | 9: Sklaven | 10: Sparta | 11: Stadtstaaten | 12: Volk | 13: Volksversammlung

4. Beantworte folgende Fragen, achte darauf, dass du in ganzen Sätzen schreibst.
   a) Wie sah die Ausbildung reicher Athener Jungen aus? [ ] /12 P.

   b) In welchem Alter haben Jungen und Mädchen in Athen geheiratet?

   c) Was geschah mit den Jungen in Sparta, wenn sie 7 Jahre alt waren?

   d) Was sind Heloten?

   e) Waren in Athen alle Kinder willkommen?

   f) Was gehörte zur griechischen Kultur? Nenne drei Beispiele.

5: In Athen soll eine Volksversammlung stattfinden. Was könnten der Bauer Glaukos, der Sklave Ossian und Petra, die Frau eines reichen Athener Bürgers, darüber denken? Schreibe auf ein Beiblatt. [ ] /6 P.

6. Der Franzose Pierre de Coubertin schrieb 1932 über den Sinn und Zweck der Olympischen Spiele: [ ] /6P.

   „Die Olympischen Spiele feiern, heißt, sich auf die Geschichte berufen. Sie ist es, die am besten den Frieden sichern kann. Von den Völkern verlangen, sich gegenseitig zu lieben, ist eine Art Kinderei; sie aufzufordern, sich zu achten, ist keine Utopie, aber um sich zu achten, muss man sich zunächst kennen.“

   Entspricht die Einstellung Coubertins den alten griechischen Vorstellungen? Schreibe auf ein Beiblatt.

Abb. 23: Klassischer Test im Anfangsunterricht Geschichte (Beatrix Oerder-Adamski)

Fazit: Eine Differenzierung ist möglich, die die Lehrkraft bei der Konstruktion des Tests nicht zeitlich besonders belastet, den Lernenden allerdings zu einer besseren Note verhelfen kann.

Das zweite Beispiel bezieht sich auf einen Test nach der Unterrichtseinheit „Erfindungen und Entdeckungen", der im Gegensatz zum ersten Beispiel auf eine Unterrichtsstunde begrenzt war. Nachdem es in den ersten drei Aufgaben um die Erfindung des Buchdrucks, das alte und das neue Weltbild sowie die Entdeckung und Eroberung Amerikas gegangen war, lautete die vierte Aufgabe:

4. Gründe, die die Entdeckungen und Eroberungen erst möglich machten.
Ohne einige neue Erfindungen und Erkenntnisse hätten die Entdeckungen und Eroberungen nicht stattfinden können. Nenne mindestens drei und gib an, was ihre Folgen waren.

Unter Gesichtspunkten der Differenzierung könnten an dieser Stelle Wahlangebote gemacht werden, z. B. diese:

- Du kannst eine Tabelle anlegen (Entdeckungen/Erfindungen – Folgen).
- Du kannst einen zusammenhängenden Text schreiben.
- Du kannst eine bildliche Darstellung wählen, z. B. einen Comic zeichnen oder eine Bildfolge erklären.

Eine weitere Möglichkeit bestünde darin, Zusatzaufgaben zu stellen – als Herausforderung oder als Förderung. Z. B. folgende:

- Die eroberten Reiche der Inkas, Majas und Azteken waren Hochkulturen. Belege dies mit Beispielen.
- Im Hafen der italienischen Stadt Genua steht eine Rekonstruktion des Schiffes, mit dem Kolumbus „Amerika entdeckte". Warum wohl?

Bei den Wahlangeboten ließe sich diskutieren, ob alle drei *gleichwertig* sein können. Die Wahl zwischen den beiden schriftlichen Varianten könnte dazu führen, dass die zweite Variante einen höheren Punkteanteil enthält. Aber die visuelle?

Die beiden Zusatzaufgaben fordern (1) und fördern (2). Die Lehrkraft müsste für die Schülerinnen und Schüler ausweisen, wie viele Punkte für beide Aufgaben angerechnet werden können, z. B. 4 für die erste und 2 für die zweite.

Entscheidend ist eine andere Überlegung: Auch ohne Zusatzaufgaben müsste die Grundanforderung für die Lernenden transparent machen, dass sie auf der Basis der für alle verbindlichen Aufgaben eine sehr gute Leistung erreichen können. Die Zusatzaufgaben hätten folglich *nur* den Effekt, dass Lernende sich über das normale Pensum hinaus zusätzliche Punkte erwerben oder Defizite in Erfüllung der gemeinsamen Aufgaben ausgleichen könnten.

Miniklausuren

Neben dem klassischen Test sollten von Klasse 5–7 an (je nach Bundesland oder Schulform beginnt dort der Geschichtsunterricht) als schriftlicher Leistungsnachweis Aufgabenformate eingesetzt werden, die Lernende Schritt für Schritt daran gewöhnen, materialgebundene Aufgaben zu bearbeiten. Das kann mit offenen Arbeitsaufträgen zu knappen Quellenauszügen beginnen (siehe Aufgabe 6 des Tests „Antikes Griechenland") und in den Abschlussklassen der Sekundarstufe I zu materialreicheren „Miniklausuren" führen. Diese führen erstens stärker an historisches Denken heran und treffen damit eher den Kern historischen Lernens, zweitens sammeln die Lernenden erste Erfahrungen mit Aufgabenformaten, die in der Sekundarstufe II gang und gäbe sind. Im Folgenden zwei Beispiele.

Kommentar zu Beispiel 1:

Die Lernenden haben in diesem Fall die Wahl zwischen Schwierigkeitsgraden, wobei der Hinweis fehlt (vermutlich aber mündlich erläutert wurde), dass die Wahlentscheidung Konsequenzen für die zu erreichende Note hat. Auffällig ist anderes:

- Die vermeintlich leichteste Aufgabe („mittel" laut Arbeitsblatt) ist u. U. gar nicht so leicht zu bearbeiten, weil sie überhaupt keinen Bezug zu den beiden Materialien hat, die sich ausschließlich mit dem „Ruhrkampf" beschäftigen. Hier wäre möglicherweise eine Ergänzung des Arbeitsauftrags sinnvoll: Welche dieser Ereignisse bezieht sich auf die beiden Materialien?
- Die Aufgabenkonstruktion leistet einen sehr gelungenen Beitrag zur Differenzierung nach Lernzugängen: Die beiden ersten Aufgaben schaffen einen visuellen und einen textgebundenen Zugang. Aber: Warum müssen sich beide dadurch unterscheiden, dass die erstere schwieriger, die zweite leichter sein muss? „Hunger und Elend" sind über den visuellen Zugang relativ leicht zu entschlüsseln; in dem Quellenauszug ist eher verdeckt enthalten („Bewohner der besetzten Gebiete"), dass es sich um das besetzte Ruhrgebiet handelt.
- Aber das sind Kleinigkeiten angesichts der Tatsache, dass Lehrkräfte in Leistungsnachweisen sehr gut mit leistungsorientierten Wahlmöglichkeiten arbeiten können. Zu ergänzen wäre die Aufforderung an die Schülerinnen und Schüler, sich – soweit die zeitliche Möglichkeit besteht – mit dem einen oder anderen Aspekt der anderen Aufgaben zu beschäftigen – als Anreiz, ihre Note zu verbessern.

Beispiel 1: Miniklausur mit Aufgabendifferenzierung

8.1 Hausaufgabenüberprüfung (Das Jahr 1923)

Hunger und Tod (Karikatur 1923): „Nur durch diese Vertreter wird Frankreich mit Deutschland verhandeln!"

(Karikatur von Erich Schilling, Simplicissimus, 28. Jg., 1923, H. 34, S. 240)

Erklärung der Reichsregierung

Um das Leben von Volk und Staat zu erhalten, stehen wir heute vor der bitteren Notwendigkeit, den Kampf abzubrechen. Wir wissen, dass wir damit von den Bewohnern der besetzten Gebiete noch größere seelische Opfer als bisher verlangen. Heroisch war ihr Kampf, beispiellos ihre Selbstbeherrschung. Wir werden niemals vergessen, was diejenigen erlitten, die im besetzten Gebiet duldeten. Wir werden niemals vergessen, was diejenigen aufgaben, die lieber ihre Heimat verließen, als dem Vaterlande die Treue zu brechen. Dafür zu sorgen, dass die Gefangenen freigegeben werden, dass die Verstoßenen zurückkehren, bleibt die vornehmste Aufgabe der Reichsregierung. Vor allen wirtschaftlichen und materiellen Sorgen steht der Kampf für diese elementaren Menschenrechte. Deutschland hat sich bereit erklärt, die schwersten materiellen Opfer für die Freiheit deutscher Volksgenossen und deutscher Erde auf sich zu nehmen. Diese Freiheit ist uns aber kein Objekt für Verhandlungen oder für Tauschgeschäfte.

Reichspräsident und Reichsregierung versichern hierdurch feierlich vor dem deutschen Volke und vor der Welt, dass sie sich zu keiner Abmachung verstehen werden, die auch nur das kleinste Stück deutscher Erde vom Deutschen Reiche loslöst.

(Aus: http://www.zum.de/psm/weimar/aufruf.php)

Lies die folgenden drei Aufgaben und entscheide Dich für eine der Aufgaben. Beachte: Die Schwierigkeitsgrade der Aufgaben entsprechen der Anordnung (1 – sehr schwer, 2 – schwer, 3 – mittel).

1. Interpretiere die Karikatur „Hunger und Tod" aus dem Simplicissimus und erläutere sie im Zusammenhang des Jahres 1923!
2. Erläutere den (undatierten) Text einer Erklärung der Reichsregierung und ordne diesen Text in den Ablauf des Jahres 1923 ein!
3. Fasse die Ereignisse des Jahres 1923 zusammen.

Abb. 24: „Miniklausur" mit Aufgabendifferenzierung (Niess 2013, S. 22)

B

Beispiel 2: Miniklausur mit Pflicht und Wahlaufgaben

8.2 Schriftliche Überprüfung (Die Weimarer Republik 1930)

Ergebnis der Reichstagswahlen 1930

Zahlen zur Grafik:
SPD 24,5 %
NSDAP 18,3 %
KPD 13,1 %
Zentrum 11,8 %
DNVP 7,0 %
DVP 4,5 %
DDP 3,8 %
BVP 3,0 %
Sonstige Parteien 13,9 %

(Zahlen nach: Statistisches Jahrbuch für das Deutsche Reich, 1933, Berlin 1933, S. 539)

Frankfurter Zeitung am 15.9.1930 zum Ergebnis der Reichstagswahl:

Erbitterungs-Wahlen also, in denen eine aus vielen Quellen gespeiste Stimmung, durch eine wilde Verhetzung aufgewühlt, sich in radikalen Stimmzetteln entlud. Kein positiver Wille, auch nicht der zu einem wirklichen Umsturz des heutigen Staates, nicht einmal der zu dem gewaltigen Versuch eines Umsturzes unserer heutigen außenpolitischen Grundlagen, steht hinter einem großen Teil dieser radikalnegierenden Stimmen. Ein solcher Umsturz-Wille ist, wir dürfen uns wahrhaftig nicht in Illusionen wiegen, bei einem Teil sicherlich vorhanden. Der andere Teil hat lediglich Protest gewollt. Protest – auch hierüber dürfen wir uns keine Illusionen machen, und am allerwenigsten dürfen das diejenigen Parlamentarier und sonstigen Parteistellen, die es zunächst angeht – gegen die Methode des Regierens oder Nichtregierens, des entschlusslosen parlamentarischen Parlamentierens der letztvergangenen Jahre, die jedem anderen missfallen haben als den Parlamentariern, die sie betrieben. Protest gegen wirtschaftliche Not, die furchtbar ist und die viele, zum Teil aus ehrlicher Verzweiflung, zum anderen bloß aus dem Ärger über diese oder jene Einzelmaßnahme, einfach in die Stimmung treibt: die Partei, für die sie bisher gestimmt hatten, habe ihnen nicht geholfen, also versuche man es nun einmal mit der anderen Tonart. Hitler verspricht ja Macht, Glanz und Wohlstand. Also! (..) Wie aber wäre es, wenn Hitler jetzt wirklich die Möglichkeit erhielte, die Macht zu ergreifen? Er stünde nackt und bloß und wüsste in Wirklichkeit nichts, gar nichts, um seine Versprechungen zu erfüllen und Deutschland aus der Not herauszuführen.

(Aus: Tormin, Walter: Die Weimarer Republik, Hannover 1972, S. 197)

(Hinweis: Beide Pflichtaufgaben müssen beantwortet werden, bei den Wahlaufgaben ist eine Aufgabe auszuwählen. Die Aufgabe 4 ist dabei schwieriger als die Aufgabe 3 und ermöglicht eine höhere Bewertung)

Pflichtaufgaben

1. Skizziere die Entstehung der Weltwirtschaftskrise.
2. Erkläre, warum Deutschland von der Krise besonders betroffen war.

Wahlaufgaben

3. Erkläre das Wahlergebnis vom 15.9.1930 aus der Grafik und ordne die Wahl in den Verlauf des Jahres 1930 ein.
4. Interpretiere den Kommentar der Frankfurter Zeitung (Text) vom 15.9.1930. Beziehe die unmittelbare und weitere Geschichte der Weimarer Republik während des Jahres ein.

Abb. 25: „Miniklausur" mit Aufgabendifferenzierung (Niess 2013, S. 22)

Kommentar zu Beispiel 2:
Das Differenzierungsangebot besteht aus Pflicht- und Wahlaufgaben. Die beiden Pflichtaufgaben sollen sicherstellen, dass die Schülerinnen und Schüler den historischen Kontext darstellen können. Alle sollen die Möglichkeit erhalten, auf dieser Basis die Wahlaufgaben lösen zu können – ein didaktisch sinnvolles Arrangement. Es wäre unangemessen, auch für die Pflichtaufgaben ein Differenzierungsangebot anzumahnen (Du kannst einen Zeitstrahl anlegen oder Ähnliches.). Für Lernende wären andere Informationen grundlegender:

- Sind die beiden Wahlaufgaben gleichwertig in dem Sinn, dass sie zu denselben oder unterschiedlichen Bewertungen (= Noten) führen?
- Wäre es nicht sinnvoll, die zweite Wahlaufgabe (Nr. 4 des Arbeitsblattes) stärker mit der Grafik zu den Wahlergebnissen zu verknüpfen – als Hilfe für die Lernenden?

Aber das sind nur Marginalien, gemessen an dem gelungenen Versuch, „Miniklausuren" für Differenzierungsangebote zu öffnen.

Es lässt sich bilanzieren:

- Sowohl bei klassischen Tests als auch bei Miniklausuren sind Differenzierungsmöglichkeiten ohne dramatisch größeren Arbeitsaufwand zu realisieren.
- Lernende können dabei erheblich profitieren, weil sie einerseits über Wahlmöglichkeiten verfügen, andererseits aber klare Orientierungen haben, welche Wahlmöglichkeiten in welchen Fällen zu Abstrichen bei der Note führen.
- Die größte Herausforderung für die Lehrkräfte besteht zum einen darin, dass sie solche Differenzierungsmöglichkeiten mit den bundeslandspezifischen rechtlichen Regelungen abgleichen.
- Zum anderen, dass sie Entscheidungen treffen müssen, inwieweit oder in welchem Ausprägungsgrad Zusatz- oder Wahlaufgaben bessere oder schlechtere Noten bedeuten – ein Balanceakt.

Das sieht bei „neuen Leistungs- und Prüfungsanforderungen" scheinbar günstiger aus.

3.5.2 Neue Leistungs- und Prüfungsnachweise

Seit den 1990er-Jahren haben sich auf Dauer in vielen, wenn nicht den meisten Bundesländern, neue Leistungsformate auch deshalb im Alltag des Geschichtsunterrichts verbreitet, weil sie verbindlicher oder fakultativer Anteil an Abschlussprüfungen geworden sind. Für die Sekundarstufe I gilt dies für Präsentationen und Projektarbeiten, für die Sekundarstufe II für Präsentationen und besondere Lernleistungen. Des Weiteren hat die Arbeit mit Portfolios heute eine größere Verbreitung erfahren, als dies noch vor zehn Jahren der Fall war. Ohne von einer breiteren Verankerung an Schulen zu sprechen, was sicherlich übertrieben wäre, könnte die Tatsache, dass viele der neuesten Geschichtsbücher sowohl in speziellen Methodenkapiteln als auch bezüglich von Aufgaben und Arbeitsaufträgen in die Gestaltung und Durchführung von Portfolioarbeit einführen, Hoffnung geben, dass mehr Lehrkräfte einen kleineren oder größeren Anteil von Leistungsnachweisen auf diese verlagern.

Präsentationen, Projekte und Portfolios bergen ein erhebliches Potenzial für Innere Differenzierung, zumal sie als Unterrichtsleistung relativ frei aushandelbar und selbst als Prüfung – jedenfalls bislang – noch nicht so kleinschrittig rechtlich „durchnormt" sind, wie dies bei Klausuren und Tests der Fall ist.

Präsentationen

Was ist unter Präsentationen zu verstehen?

> Bei Präsentationen handelt es sich um ein gezielt strukturiertes Verarbeiten, mediengestütztes Vermitteln und adressaten- und situationsbezogenes Darstellen von Inhalten. Präsentationen sollen darüber hinaus die Lerngruppe aktiv miteinbeziehen, d. h. sie zu Nachfragen animieren, statt sie in eine Rezipientenrolle zu versetzen; sie zu Stellungnahmen provozieren, statt sie mit fertigen Ergebnissen zu konfrontieren.
>
> (Adamski 2006a, S. 665)

So betrachtet, eröffnen sich verschiedene Anknüpfungspunkte für Binnendifferenzierung:

- die Inhalte in ihrer Fokussierung auf unterschiedliche zentrale Fragestellungen, aus denen eine Auswahl getroffen werden kann.
- die Medien, die unter Aspekten wie Inhaltsbezogenheit, Adressaten, eigenen Stärken und leistbarem Aufwand ausgewählt werden können.
- die Einbeziehung der Lerngruppe, die bspw. über praktisches Handeln (exemplarische Anwendung, Überprüfung des Vorgetragenen) oder Thesen oder einen Fragekatalog etc. geleistet werden kann.
- die Anzahl der Akteure: Ist es eine Präsentation Einzelner, muss das „Paket" 1–3 sinnvoll auf die Stärken zugeschnitten sein; handelt es sich um eine Gruppenpräsentation, ist zu überlegen, wie sich die Stärken der Einzelnen am besten kombinieren lassen: Jemand der sicher vortragen kann, ohne ständig auf seine Zettel zu schauen oder die Folien vorzulesen; eine andere, die sich gut auf eine Kommunikation mit der Lerngruppe versteht; ein dritter, der etwa bei der Gestaltung von Folien oder Wandzeitungen sein Talent repräsentiert findet.

Mit anderen Worten: Sollte die Entscheidung der Lehrkraft in Absprache mit den Schülerinnen und Schülern dahingehen, die eine oder andere Unterrichtseinheit nicht mit herkömmlichen Leistungsnachweisen, sondern mit Präsentationen Einzelner oder von Gruppen abzuschließen, was nicht nur möglich, sondern auch erstrebenswert wäre, ergäben sich intensive auf Differenzierung nach Stärken angelegte Gespräche mit den Lernenden. Diese sollten – wie immer in Sachen

Differenzierung – unter den Aspekten Förderung und Forderung stattfinden. Das heißt, einerseits Routinen („nicht schon wieder PowerPoint") infrage zu stellen (Forderung), sie andererseits aber zu bekräftigen, wenn der Eindruck besteht, dass Lerner sich mit diesem Medium zunächst einmal auf einem Terrain bewegen, das ihnen vertraut ist und ihnen Sicherheiten verschafft. Dabei ist wichtig, dass den Lernenden das breite Spektrum von Präsentationsmöglichkeiten vor Augen geführt wird – das heißt, in anderen Unterrichtssituationen über Aufgabenstellungen zu einem begrenzten Inhalt geübt werden. Daraus könnte Schritt für Schritt eine (unvollständige) Liste von Möglichkeiten vielfältiger Formen entstehen, wie Vergangenes präsentiert werden kann:

- schriftlich: Referat plus Thesenpapier oder ausgewählte Quelle zur Vertiefung/Veranschaulichung; perspektivisches Schreiben (Brief, Flugblatt etc.);
- visuell: Wandzeitung, Collage, Zeitstrahl, Strukturbild, Comic;
- auditiv: Rede, Vortrag, Reportage, Interview, Podcast;
- szenisch: Rollenspiel, Revue, Sketch;
- gestalterisch: Ausstellung, Rekonstruktion, Modell, Website.

Ein berechtigter Einwand könnte sein, dass die Varianten sich u. a. dadurch unterscheiden, dass für die eine (z. B. Wandzeitung) ein erheblich geringerer Arbeitsaufwand erforderlich ist als für die andere (z. B. Revue).

Das ist nicht von der Hand zu weisen, bedeutet aber letztlich, dass den Schülerinnen und Schülern dieses Problem verdeutlicht werden muss – falls sie es nicht selbst erkennen. Das muss aber nicht heißen, dass der Gruppe „Revue" oder „Podcast" ihre Idee zwangsläufig ausgeredet werden muss. Ihnen wird allerdings klar zu machen sein, dass diese Idee – falls sie dabei bleiben wollen – nicht im Rahmen des Unterrichtsalltags realisiert werden kann, sondern sie dafür Zeit außerhalb des Geschichtsunterrichts investieren müssen.

Eine Präsentation muss aber nicht in jedem Fall am Ende einer größeren Unterrichtseinheit stehen, sondern kann sich durchaus auf einen kleinen Ausschnitt konzentrieren:

Beispiel für die Sekundartstufe I: die Münchener Ministerpräsidentenkonferenz 1947

1947 war mit Gründung der Bizone ein erster Schritt zur Teilung Deutschlands eingeleitet worden; die britische Besatzungspolitik war schon länger auf einen Konfliktkurs gegenüber der Sowjetunion eingeschwenkt, dem die amerikanische nach und nach folgte; die sowjetische Deutschlandpolitik hatte mit der Vereinigung von KPD und SPD zur SED sowie mit Bodenreformen und Sozialisierungen bestimmte politische und wirtschaftliche Vorentscheidungen getroffen, darüber hinaus mit der Sowjetisierung der osteuropäischen Länder selbst einen Konfrontationskurs eingeschlagen.

In dieser Situation trafen sich vom 5.–7. Juni auf Einladung des Bayerischen Ministerpräsidenten Ehard alle seine Kollegen in München – letztendlich auch die aus der sowjetischen Besatzungszone –, um von deutscher Seite aus einen möglichen Ausweg im Sinne einer „innerdeutschen" Verständigung zu diskutieren bzw. anzustreben. Die Konferenz scheiterte, noch ehe sie begann.
Die Gründe hierfür wurden und werden wissenschaftlich kontrovers diskutiert. Dies schafft eine aus der Sicht historischen Lernens gute Voraussetzung, sich mit dem Ablauf zu beschäftigen, die Gründe für das Scheitern zu analysieren und sich selbst eine Meinung zu der Kontroverse zu bilden – folglich Sach- und Werturteilskompetenz zu schulen.
Nach der Erarbeitung des hier knapp skizzierten historischen Kontextes und der unmittelbaren Vorgeschichte könnten Schülerinnen und Schüler zu ganz unterschiedlichen Präsentationsmöglichkeiten gelangen:

- Mittels PowerPoint oder OHP-Folien ließe sich die Vorgeschichte nachzeichnen, die Positionen der west- und ostdeutschen Ministerpräsidenten sowie der jeweiligen Besatzungsmächte herausarbeiten und das Ergebnis vorstellen. Als zentraler Diskussionspunkt könnte die Frage fokussiert werden, wer für das Scheitern der Konferenz (hauptsächlich) verantwortlich war.
- Eine andere Gruppe könnte ausgehend von der zentralen Problemfrage eine Pro-und-Kontra-Debatte oder eine Podiumsdiskussion (Fish-Bowl) inszenieren, die zunächst den historischen Kontext und die unmittelbare Vorgeschichte aufarbeitet, um anschließend mit zugespitzten Meinungen/Plädoyers das Plenum in die Entscheidungsfindung miteinzubeziehen.
- Eine dritte Variante könnte ein Rollenspiel sein. Die Gruppe erarbeitet sich Kontext und unmittelbare Vorgeschichte und beginnt auf dieser Basis zu dem Zeitpunkt mit dem Spiel, als sich west- und ostdeutsche Ministerpräsidenten zusammenfinden, um eine Tagesordnung für die Konferenz festzulegen.

Wie auch immer sich Lernende in Zusammenarbeit mit ihrer Lehrkraft entscheiden, erhalten sie die Möglichkeit, sich gemäß ihren *Stärken* zu orientieren.

Dass dies auch heißen kann, ihre Schwächen zu kaschieren, freundlicher formuliert, neuen Herausforderungen aus dem Weg zu gehen, ist nicht zum ersten Mal als Problem benannt (Routinen) – wobei es dabei aus meiner Sicht keine wirklichen Lösungen gibt. Sie gibt es eher in benotungsfreien Lernsituationen, in denen sie an andere Präsentationsvarianten herangeführt werden können und diese u. U. auf Dauer in ein erweitertes Repertoire ihrer Stärken aufnehmen können. Dass sie in Situationen einer Leistungsbewertung, besonders aber bei Prüfungen auf Vertrautes zurückgreifen, liegt auf der Hand und sollte von den Lehrkräften auch dementsprechend respektiert, wenn nicht unterstützt werden.

Projekte

Stärker noch als bei der Vorbereitung und Durchführung von Präsentationen setzt Projektarbeit eine zeitliche und organisatorische Öffnung des Unterrichts und das Vermögen von Lerngruppen voraus, selbstständig zu lernen. Ansätze zur Binnendifferenzierung gehen folglich über solche hinaus, die bislang (Ausnahme Fächer- und Blütenaufgaben) schwerpunktmäßig behandelt wurden. Daraus ergeben sich vielfältige Möglichkeiten differenzierenden und individualisierenden historischen Lernens.

Was ist das Besondere an Projektarbeit und was macht sie sowohl für einen kompetenzorientierten als auch binnendifferenzierten Geschichtsunterricht mit dem speziellen Blick auf Leistungsnachweise – so interessant? „Historische Projektarbeit wird hier verstanden als alle Denk-, Recherche- und Artikulationsstufen umfassende selbsttätige Auseinandersetzung seitens der Schülerinnen und Schüler mit einer historischen Problemstellung." (Zülsdorf-Kersting 2012, S. 64 f.) In klassischer Variante geht es um eine eigenständige historische Spurensuche vor allem im lokalen Umfeld: Unsere Schule in der Zeit des Nationalsozialismus – Warum wurde die Schule nach Albert Schweitzer benannt? – Wie verlief die Entnazifizierung in unserer Stadt/Gemeinde? Zum Teil handelt es sich folglich um Fragestellungen, die vermutlich besser oder ansatzweise bereits erforscht sind, dennoch aber die Möglichkeit beinhalten, neue Erkenntnisse zu erlangen.

Es muss aber nicht unbedingt eine solche historische Spurensuche im eigentlichen Sinn sein. Projektorientierte Arbeit kann auch heißen – und damit wäre sie im Geschichtsunterricht deutlich häufiger anwendbar, ein bekanntes Thema mit eigenen Fragestellungen und Präsentationsformen neu aufzubereiten: Die Ursachen der Französischen Revolution als Nachrichtensendung/Reportage – Der Alltag in den 1950er-Jahren als Revue – Die friedliche Revolution in der DDR als Zeitzeugencollage.

Schließlich sind darüber hinaus Miniprojekte denkbar, die einen geringen Zeitraum beanspruchen, dennoch aber den Charakter von Projektarbeit komplett abbilden. Das vielleicht motivierendste: Mein Geburtstag (= Rekonstruktion der eigenen Lebensgeschichte).

In welcher Variante auch immer Projektarbeit von und für Lernende initiiert wird, bildet sie alle wesentlichen Operationen historischen Denkens ab: Lernende formulieren zu einem Inhalt historische Fragen und Vermutungen (Wahrnehmungskompetenz), sie sichten und analysieren Quellen und Darstellungen (Analysekompetenz), entwickeln gemeinsam ein Sachurteil (Urteilskompetenz) und gelangen für sich zu einer historischen Sinnbildung in Form eines Werturteils (Orientierungskompetenz): War aus unserer Sicht unsere Schule ein typisches Beispiel oder eine Ausnahme für ein Gymnasium in der NS-Zeit und wie stehen wir dazu? – Ist es für uns nachvollziehbar, dass die Schulgemeinde oder die Stadt sich für diesen Namenspatron entschieden hat? – Ist es für uns vertretbar, dass sich sowohl Schulleitung als auch Schüler dafür eingesetzt haben, dass ehemalige NS-belastete Lehrer wieder in den Schuldienst zurückkehren sollten?

> Wer praktisch handelnd Vergangenes rekonstruiert und im Prozess forschend-entdeckenden Lernens unter mehr oder weniger großer Anleitung von Lehrkräften Methodenkenntnisse erwirbt und anwenden lernt, wird sehr viel deutlicher als in herkömmlichen Unterrichtsverfahren den Konstruktcharakter von Geschichte begreifen und reflektierte Erfahrungen mit zentralen fachdidaktischen Kategorien (Perspektivität, Alterität, Kontroversität) sammeln können.
>
> (Adamski 2006b, S. 2)

Das heißt, die Revue zum Alltag in den 1950er-Jahren wird nicht bei allen Gruppen identisch sein. Zu reflektieren wäre, welche Schwerpunktsetzungen aus welchen Gründen getroffen wurden; zu diskutieren wäre des Weiteren, inwieweit die vorgestellten Produkte die Mentalität dieser Ära widerspiegeln – und ob dies plausibel, triftig oder höchst selektiv oder anachronistisch ist.

Die Präsentation der Ergebnisse – in welcher Form auch immer – ist Ausdruck ihrer Art, eigene Geschichte(n) zu erzählen (narrative Kompetenz).

Um dies am Beispiel der Rekonstruktion der eigenen Lebensgeschichte zu exemplifizieren:

- Lernende formulieren ihre eigene Fragestellung, indem sie fokussieren, was sie besonders interessiert: nur der Geburtstag selbst oder die Woche, der Monat; „große" Geschichte oder Alltagsereignisse oder Verknüpfung von beidem; bezogen auf die Gemeinde, das Land oder weltweit?
- Sie sichten und analysieren Materialien, indem sie z. B. unterschiedliche Quellen bearbeiten (Zeitungen, Jahreschroniken) und ggf. Zeitzeugen (Eltern, Großeltern) befragen.
- Sie können ihre Lebensgeschichte in einen engeren oder größeren historischen Kontext einbetten.
- Sie können für sich entscheiden, ob diese Ereignisse/Kontexte für sie bedeutsam oder vernachlässigbar erscheinen.

Welches Potenzial für Binnendifferenzierung bietet Projektarbeit?
Projektarbeit ist im Regelfall immer eine Gruppenarbeit, weil damit bereits ein erster Differenzierungsaspekt gegeben ist, nämlich der nach unterschiedlichen Talenten, die in ein gemeinsames Tun eingebracht werden können:

> Jedes Kind hat mindestens ein Gebiet, auf dem es Fachmann ist: die Kreative, der Zeichner, die Künstlerin, der Bastler, die Strategin, der Spielexperte, die Telefonexpertin, der Ortskundige, die Begeisterungsfähige, der Fotograf [...]
>
> (Menzel 1998, S. 203)

Diese unvollständige Liste kann als Folie dienen, auf der mit den jeweiligen Gruppen über ihr Vorhaben beraten werden kann.

Ein zweites Beispiel: Als thematischer Hintergrund wird exemplarisch „Lebenswelten im Mittelalter" gewählt. Es handelt sich folglich um ein projektorientiertes Arbeiten, weil nicht erwartet werden kann und auch gar nicht muss, dass Schülerinnen und Schüler zu neuen Erkenntnissen kommen werden, weil sie neue Quellen auftun werden. Um projektorientiert arbeiten zu können, muss zunächst eine inhaltliche Basis für alle gelegt werden, weil es sich um eine fremde, wenngleich geschichtskulturell sehr präsente Vergangenheit handelt, die den Lernenden der Klasse 6 oder 7 über Sachbücher, Mittelalterevents, Spielzeug, Filme oder Exkursionen mit den Eltern schon einmal begegnet ist (Ritter, Burgen) – ggf. auch schon im Grundschulunterricht.

In Anknüpfung an die sicherlich recht unterschiedlichen geschichtskulturellen und ggf. schulischen Prägungen ist zunächst eine Basis zum Verständnis der politischen und gesellschaftlichen Struktur des Mittelalters zu legen, zu der u. a. Grundherrschaft und Lehnswesen, weltlicher und geistlicher Adel, Königsherrschaft sowie Gründung und Entwicklung von Städten gehört. Anschließend können diejenigen Lebenswelten identifiziert werden, die im Mittelalter relativ klar voneinander abgegrenzt waren:

- Leben auf dem Land;
- Leben im Kloster;
- Leben in der Stadt;
- Leben auf der Burg.

Das ist immer noch ein weiter thematischer Rahmen, soll es aber auch sein, weil nunmehr von den Gruppen historische Fragen entwickelt werden sollen, die ihre besonderen Interessen konkretisieren.

Es macht Sinn die wesentlichen Phasen von Projektarbeit in einer kompakteren Form als bei Frey (2007, S. 54) – der klassischen Referenz für ein idealtypisches Projektphasenmodell – darzustellen. Dabei bleibt die letzte Phase – die Präsentation – ausgespart, weil sie bereits ausführlich angesprochen wurde.

Es ist zu erwarten, dass die Projektinitiative – zumal im Geschichtsunterricht – von der Lehrkraft ausgeht. Wie sieht es in den weiteren Phasen mit Möglichkeiten zur Binnendifferenzierung aus?

- Themenfindung und Projektskizze: Aus den angebotenen inhaltlichen Möglichkeiten (= vier Lebenswelten) gilt es, gruppenangemessene Themen zu entwickeln. Diese werden sich notwendigerweise auf inhaltliche Teilaspekte beschränken. Diese Teilaspekte können unterschiedliche Dimensionen von historischer Wahrnehmung betreffen. Um dies am Inhalt „Leben in der Stadt" zu exemplifizieren: Es könnte um die Entwicklung der Stadtherrschaft gehen – von der Gründung über die Herrschaft der Patrizier bis hin zu Kämpfen um die Stadtherrschaft; es könnten aber auch Alltagsprobleme in den Fokus geraten: Wie lebten Händler und Handwerker, wie geflohene Bauern, wie Juden in der Stadt? oder auch: Wie unterschieden sich diese Schichten in Kleidung, Wohnung etc.? Lernende könnten aber auch auf die Idee kommen, sich besonderen, zu alldem eher quer liegenden, Fragen äußern zu wollen: Wie sah es mit Umweltverschmutzungen aus? Welche gesundheitlichen Gefährdungen bestanden darüber hinaus (Krankheit, Pest, Tod)? In allen diesen Fällen geht es in der Beratung darum, beherrschbare historische Fragestellungen zu entwickeln, die den Fähigkeiten der Gruppen angemessen sind – ein zentrales Feld für binnendifferenzierte Angebote. In der anschließenden Projektskizze, die einen groben Überblick über das Vorgehen und zugleich die Hinweise auf mögliche Präsentationsformen enthalten sollte, gilt ähnliches: Was ist mit Blick auf die Fähigkeiten zu realisieren, was eher nicht?

- Die Planung ist ein ausführlicheres Dokument zum inhaltlichen Vorgehen, zum zeitlichen Ablauf und zur Entwicklung einer Präsentation. Es kann zeigen, mit welchen Zugängen und Materialien die Gruppen arbeiten wollen, wie eng oder breit ihr analytischer Zugriff ist. Bei allem ist unter Differenzierungsaspekten entscheidend, wie realistisch das Vorhaben ist. Aus Sicht der beratenden Lehrkraft ist – erneut – der Aspekt „Fördern und Fordern" relevant. Nunmehr soll die „klösterliche Lebenswelt" exemplarisch werden – unter dem Aspekt „Klosterleben damals und heute". Allein schon die Themenformulierung, so erfreulich sie auf den ersten Blick erscheinen mag, erfordert einen genaueren Blick auf die jeweilige Gruppe: Unter dem Aspekt der Förderung könnte diese Fragestellung uneingeschränkt positiv bewertet werden: Die Lernenden beschränken sich nicht nur darauf, wie es früher war, sondern wollen auch das Hier und Jetzt thematisiert wissen. Ihnen sollten Hilfestellungen angeboten werden. Unter der Perspektive der Forderung sollten sich entsprechende Gruppen nicht nur über Websites zum Klosterleben heute informieren, sondern ihnen angeboten, sie ggf. dazu aufgefordert werden, sich zu erkundigen, wo es in der lokalen und regionalen Umgebung Klöster gibt, und was deren Insassen zum Vergleich von Vergangenheit und Gegenwart sagen.
- Die Durchführung des Projekts: Manchmal zeigt sich erst in dieser Phase, wie realistisch Projektplanungen und Produktvereinbarungen sind bzw. waren. Es zeigt sich darüber hinaus, inwiefern die Gruppen gut zusammenarbeiten können (konnten), in dem Sinn, dass die vorhandenen Talente sinnvoll genutzt wurden. Das kann zu Problemen führen. Wie z. B. bei einer Lerngruppe einer 9. Hauptschulklasse in der Umgebung von Fulda, die sich mit dem jüdischen Leben in Fulda beschäftigte. Der Lehrer merkte an: „Die Erarbeitung zeigt, dass ihr an dem Thema sehr interessiert seid. Allerdings fällt immer wieder auf, dass ihr gar nicht recht wisst, wonach ihr suchen sollt. Besonders in […] (einem jüdischen Friedhof) braucht die Gruppe große Unterstützung, bis ihr gemerkt habt, worum es eigentlich geht. Erst zum Schluss eurer Arbeit, sozusagen als lästiges Beiwerk, beginnt ihr, die Inhalte zu bearbeiten." (Meier 2003, S. 23) Der binnendifferenzierende Auftrag an die Lehrkräfte könnte lauten: Lernen, mit unterschiedlichen Stärken und Schwächen umzugehen; zeitliche und organisatorische Rahmenbedingungen stärker zu reflektieren; genauere Diagnostik zu betreiben.

Portfolios

Projektarbeit ist eine Leistungserbringung von Gruppen, ein Portfolio eine Leistung von Einzelnen – es bildet somit Lernerbiografien ab. Portfolios sind sehr gut dazu geeignet, anhand von nur wenigen Dokumenten und Berichten analysierbar zu machen, über welche Kompetenzen historischen Denkens Schülerinnen und Schüler verfügen, welche Arbeits- und Lernstile sie bevorzugen und wie reflektiert sie mit ihren Stärken und Schwächen umgehen. Was ist ein Portfolio?

> Ein Portfolio ist eine zielgerichtete Sammlung von Arbeiten, welche die individuellen Bemühungen, Fortschritte und Leistungen der/des Lernenden auf einem oder mehreren Gebieten zeigt. Die Sammlung muss die Beteiligung der/des Lernenden an der Auswahl der Inhalte, der Kriterien für die Auswahl, die Festlegung der Beurteilungskriterien sowie Hinweise auf die Selbstreflexion der/des Lernenden enthalten.
>
> (Häcker 2007, S. 127)

Die Arbeit mit Portfolios bietet Möglichkeiten, komplexere Leistungen als z. B. bei Tests einzufordern, die zudem aus sehr vielfältigen Wahlangeboten bestehen können, was ihr enormes Potenzial für binnendifferenzierten und individualisierten Geschichtsunterricht unterstreicht.

Ein Beispiel aus dem Anfangsunterricht Geschichte einer 7. Gymnasialklasse mit den inhaltlichen Schwerpunkten Vor- und Frühgeschichte sowie antike Hochkulturen. Das Portfolio war Leistungsnachweis für das gesamte erste Halbjahr. Für den Zeitraum wurden keine weiteren zusätzlichen Hausaufgaben gestellt außer der, sich auf die Erstellung der Aufgaben für das Portfolio zu konzentrieren. (Ein Portfolio muss nicht zwingend einen so großen zeitlichen Rahmen erhalten. Gerade, wenn man mit Portfolioarbeit beginnt, kann sie sich durchaus auf eine kleinere Unterrichtseinheit beschränken, wie bspw. Altes Ägypten.)

B

Beispiel: Portfolio für den Anfangsunterricht Geschichte (Peter Adamski)

Wir werden im kommenden Halbjahr/Schuljahr folgende Themen behandeln:
- Wir entdecken mit Fred Feuerstein die Steinzeit;
- Wir versuchen, das Rätsel des Pyramidenbaus im alten Ägypten zu lösen;
- Wir gehen auf Spurensuche im antiken Griechenland und Rom.

Das kann spannend werden, und, was hinzukommt, – ihr zeigt eure Leistungen auf eine ganz neue Art und Weise: Ihr erstellt ein Portfolio!

Was ist ein Portfolio?
Eine Mappe, in der du bestimmte Arbeiten für das Fach Geschichte sammelst. Das Portfolio soll die Entwicklung deines Sachwissens und deiner methodischen Fertigkeiten aufzeigen. Du darfst auswählen, welche Arbeiten du abgibst, die dann am Ende des Halbjahres/Schuljahres bewertet werden.

Wie wird ein Portfolio angelegt?
Inhaltsverzeichnis – Es enthält eine Übersicht über die von dir gewählten Arbeiten und die Reihenfolge, in der sie im Portfolio auftauchen.

Aufgaben – Aus folgenden Gruppen von Aufgaben kannst du Arbeiten für das Portfolio auswählen:
Gruppe 1: (Zusammenfassen, Erläutern, Ergänzen)
1.1. Eine Stunde protokollieren oder in einer Mind-Map darstellen, die du besonders spannend fandest.
1.2. Das Zustandekommen eines größeren Tafelbildes erklären.
1.3. Erläutern, wie es am Beispiel schriftlicher Quellen zu unterschiedlichen Meinungen zu einem geschichtlichen Sachverhalt kommen kann.
1.4. Das Ergebnis einer Stunde durch häusliche Weiterarbeit (Jugendbuch, Sachbuch, Internet) ergänzen.

Gruppe 2: (Geschichtliches Wissen anwenden)
2.1. Ein eigenes Schaubild entwickeln, das nicht im Schulbuch steht.
2.2. Ein geschichtliches Ereignis aus einer anderen Sicht erzählen.
2.3. Einen Brief an eine historische Persönlichkeit schreiben, die du schätzt oder nicht magst.
2.4. Eine Collage zu einem dich interessierenden Thema entwickeln.

Gruppe 3: (Damals und heute/Erfunden oder wahr)
3.1. Einen Bericht verfassen und illustrieren über Lebensformen in Ägypten, Griechenland oder in Rom.
3.2. Eine Tabelle erstellen über Demokratie/Monarchie.

3.3. Sage und historische Wirklichkeit vergleichen.
3.4. Populäre Geschichten (Comics) oder Spielfilme (z. B. Gladiatoren in Rom) überprüfen.

Du kannst aus den insgesamt 12 Aufgaben 6 auswählen, die du im Portfolio abgeben möchtest. Du solltest aber darauf achten, dass aus jeder Gruppe mindestens eine und aus jeder größeren Unterrichtseinheit ebenfalls eine Aufgabe in das Portfolio gehört. Im Laufe des Schulhalbjahres werden wir nach jeder größeren Unterrichtsreihe gemeinsam überlegen, welche Beiträge sich für das Portfolio anbieten könnten. Solltest du selbst andere Ideen für Portfolio-Beiträge haben, können wir natürlich darüber reden:

- Du hast an einem „Aktionstag Steinzeit" teilgenommen und möchtest darüber berichten: kein Problem;
- Du hast mit deinen Eltern eine Ausstellung zu einem der Themen besucht und möchtest deine Eindrücke und Beobachtungen aufschreiben? Gern.
- Du hast dich schon immer oder gerade jetzt damit beschäftigt, wieso eigentlich die alten Griechen Erfinder der Demokratie waren. Wunderbar!
- Du hast noch andere Ideen: Besprich sie mit deinem Lernpartner oder mit mir. Wir finden eine Lösung!

Arbeits- und Lernberichte
Zu jeder der 6 ausgewählten Aufgaben gehört ein Arbeitsbericht, aus dem hervorgehen soll, warum du das Thema ausgewählt hast, wie du vorgegangen bist, welche Materialien du benutzt hast, was dir besondere Freude oder auch Schwierigkeiten gemacht hat.
Außerdem gehören in das Portfolio Lernberichte, die Auskunft geben sollen über das Unterrichtsklima, deine Fortschritte im Lernen, die Stärken und Schwächen der Unterrichtsgestaltung durch den Lehrer. Wie man solche Arbeits- und Lernberichte anfertigt, werden wir in Portfolio-Stunden besprechen.

Kommentar:
Einerseits geht es um grundlegende, nicht nur fachspezifische Kompetenzen, die einzuüben und nachzuweisen sind (Gruppe 1). Andererseits um die Anwendung historischer Kenntnisse an komplexeren Aufgabenstellungen (Gruppe 2) und schließlich um fachspezifische Kompetenzen (Analyse- und Urteilskompetenz) auf angemessenem Niveau, die aufzeigen können, inwieweit Ansätze von Temporal-, Wirklichkeits-, und moralischem Bewusstsein angebahnt werden konnten. Die Aufgabengruppen durchziehen zentrale fachdidaktische Prinzipien wie Multiperspektivität, Kontroversität sowie Perspektivenübernahme.

Die Lernenden haben Wahlmöglichkeiten, die aber nicht uneingeschränkt gelten: Es soll verhindert werden, dass sie sich nur auf eine Unterrichtseinheit beschränken; des Weiteren, dass sie eine Aufgabengruppe aussparen können. Innerhalb der Aufgabengruppen stehen anspruchsvollere neben leichteren Aufgaben, Wahlmöglichkeiten nach Lernstilen und -zugängen (Insgesamt = Fördern und Fordern). Darüber hinaus wird explizit darauf verwiesen, dass es weitere Wahlmöglichkeiten für das Portfolio gibt und eigene Ideen erwünscht sind.

Damit ist insgesamt ein Rahmen gesetzt, innerhalb dessen binnendifferenziertes Arbeiten – hier in einer Gymnasialklasse – möglich ist und individualisiertes historisches Lernen angestrebt wird.

Die Leistungen, die Schülerinnen und Schüler in dem Portfolio dokumentieren, unterscheiden sich in wesentlichen Punkten von den herkömmlichen:

- Kein Portfolio innerhalb einer Klasse ist identisch mit einem anderen, sondern zeigt jeweils die individuellen Schwerpunktsetzungen, die Resultat eines binnendifferenzierten Angebots sind.
- Die Leistungen werden nicht punktuell erbracht wie bei Tests oder Klausuren, sind folglich stressfreier und nicht abhängig von der Tagesform. Eine erste Fassung der Produkte kann überarbeitet werden – in inhaltlicher wie gestalterischer Form.
- Lernende haben die Möglichkeit, ihre Stärken einzubringen, sodass mit mehr Motivation gearbeitet wird. In der Regel hat dies bessere Noten zur Folge.
- Die Beratung über inhaltliche Schwerpunkte oder die Qualität erster Produkte in Gesprächen mit Peers und der Lehrkraft findet nicht unter dem Druck der Benotung statt. Insofern erhöht sich die Chance, dass Kritik z. B. an Lernroutinen oder der Realisierbarkeit von Vorhaben produktiv verarbeitet werden kann.
- Durch die Reflexion ihrer eigenen Arbeit in Arbeits- und Lernberichten mit Feedbacks der Lehrkraft kann es auf Dauer gelingen, dass sich erfolgreiche Lernstrategien festigen und Defizite mindestens teilweise aufgehoben werden können.

Fazit: In diesem Kapitel sollte aufgezeigt werden, dass trotz gelegentlich vorhandener rechtlicher Grenzen eine Reihe von Möglichkeiten existieren, auch bei Leistungsnachweisen binnendifferenziert vorzugehen. Die Unterscheidung von traditionellen und neuen Formen der Leistungsnachweise verdeutlicht aber auch, dass der Differenzierungsansatz sehr viel umfänglicher und vielschichtiger genutzt werden kann, wenn es sich um Präsentationen, Projekte, erst recht um die Arbeit mit Portfolios handelt. Dies ist durchaus als Plädoyer für die Öffnung von Unterricht zu verstehen, in dem Sinne, dass Lernende Schritt für Schritt an selbstständigeres Arbeiten in kooperativen Formen herangeführt werden. Dadurch entstünde ein zeitlich-organisatorisches Lehr-/Lernarrangement, das mindestens in bestimmten Phasen das mehr oder weniger durchgetaktete Doppelstundenmuster überwindet und den Schülerinnen und Schülern den notwendigen Raum lässt für historisches Verstehen, das mehr als Anhäufung von Wissen und kleinschrittigen Kompetenzanwendungen im Sinne der Abspulung eines immer übervollen Lehrplans ist. Dies wäre eine erheblich günstigere Plattform für binnendifferenziertes historisches Lernen.

4 Ausblick

Binnendifferenzierter Geschichtsunterricht – so lautete die These (Kap. 1.5) – ist die zentrale Voraussetzung für inklusives historisches Lernen, weil nur so *alle* Schülerinnen und Schüler das angestrebte inhaltliche Fundamentum und den Mindeststandard an Kompetenzen erreichen können. Würde Inklusion darauf verkürzt, dass Lernende mit einem Handicap (geistiger, körperlicher, motorischer oder psychischer Art) in einem ansonsten undifferenzierten Unterricht besonderer individueller Förderung bedürfen, wären sie ausgeschlossen. Das heißt nicht, dass in bestimmten Fällen textliche Entlastungen (Stichwort: Leichte Sprache) oder individuelle Hilfen (durch Peers oder professionelle Lernbegleiter) nötig sind. Das würde an der prinzipiellen Aussage nichts ändern, denn sowohl leistungsschwächere Lerner ohne Handicap könnten davon profitieren, als auch diejenigen, die als leistungsstärkere Mitschüler ihre Fähigkeiten als Erklärer und Vermittler von Inhalten einsetzen könnten.

Ohne Innere Differenzierung bliebe vielen anderen der Zugang zu historischem Denken und Erzählen verschlossen, weil er für sie – bezogen auf Leistungsniveau, Motivation, Interesse und Anschluss an eigene geschichtskulturellen Prägungen- entweder zu anspruchsvoll oder zu banal erschiene. Sie bedürfen entweder der Förderung durch Hilfen oder der Forderung durch angemessene inhaltliche Aufgabenformate. Wie sieht die Perspektive unter bildungspolitischen Aspekten aus?

Ob inklusiver Unterricht gelingt, hängt entscheidend vom politischen Willen ab, der jenseits von politischer Rhetorik und gesetzlichen Grundlagen vor allem hinsichtlich der Bereitstellung von materiellen/finanziellen Ressourcen für inklusive Bildung überprüft werden muss. Hier lohnt ein vergleichender Blick auf Ansätze einer Integrationspädagogik der 1980er-Jahre.

> War es in der Anfangsphase der Integrationsbewegung in den 1980er-Jahren selbstverständlich, dass immer zwei Pädagoginnen oder Pädagogen gleichzeitig im Klassenraum anwesend waren und die Klassenstärken bei 20 Kindern gedeckelt waren, wovon maximal drei, meist aber nur zwei Kinder sonderpädagogischen Förderbedarf hatten, gibt es heute bereits sogenannte „Inklusionsschulen" mit Klassenstärken von 24 und mehr Kindern, davon weit mehr als nur drei Kinder mit besonderem Förderbedarf, und häufig ohne zweite pädagogische Fachkraft im Klassenraum. Mit dem Ausbau der Ganztagsschule in Deutschland ist dazu vielerorts ein Nachmittagsbereich mit preiswertem sozialpädagogischem Fachpersonal anstelle der der vergleichsweise teureren Lehrkräfte oder auch mit einer Betreuung durch pädagogische Laien entstanden, denen jegliche sonderpädagogische Basisausbildung fehlt. Auch hier sind die Betreuungszahlen vielerorts unverantwortlich hoch und für Kinder mit Behinderungen sind mancherorts keinerlei Ressourcen oder gar sonderpädagogisch geschulte Fachkräfte vorhanden. So kann es geschehen, dass eine gut gemeinte Idee an der Umsetzung scheitert.
>
> (Doll-Tepper/Ramseger 2015, S. 13)

Diese „gut gemeinte Idee" scheitert vor allem daran, dass notwendige Bildungsreformen seit langem vor allem unter Ökonomisierungsgesichtspunkten diskutiert werden, was nichts anderes bedeutet, als sie daraufhin zu überprüfen, wie viele Ressourcen eingespart werden können, um sie dennoch als „Fortschritt" verkaufen zu können.

Innerhalb dieses grundsätzlichen Bezugsrahmens ließen sich Merkmale inklusiven Geschichtsunterrichts formulieren, die bisherige Vorstellungen von historischem Lernen zwar nicht grundsätzlich infrage stellen, aber doch „Altbewährtes" einer Überprüfung unterziehen und Binnendifferenzierung profilieren sollten.

Die Anforderungen an inklusives historisches Lernen bedeuten eine Relativierung bislang dominanter Aneignungsformen von Vergangenem, nämlich von kognitiv-sprachlichen hin zu sinnlichen und handlungsorientierten. Dies muss nicht als Abkehr vom Kern historischen Lernens – historisches Denken zu entwickeln – verstanden werden, sondern als Hinweis darauf, dass auch aus eigensinnigen Rekonstruktionen von Vergangenem z.B. in Imaginationen von Vergangenem, die sich in Rollenspielen, Standbildern, Modellen etc. ausdrücken, Elemente historischen Denkens zu diagnostizieren sind und in ihnen andere als die üblichen Erzählungen eigener Geschichten vorliegen (narrative Kompetenz). Ob es sich hierbei tatsächlich um eine *historische* Aneignungsform mindestens auf basalem Niveau handelt, hängt lediglich – aber *entscheidend* – davon ab, ob Schülerinnen und Schüler in der Verarbeitung der zugrundeliegenden Materialien Verknüpfungen von damals und heute zu leisten in der Lage sind. „Somit ist es wichtig, dass die im Kontext des Geschichtsunterrichts gemachten Angebote [...] Zugänge zum ‚Universum des Historischen' *(Gautschi)* auf allen Anschauungsebenen eröffnen und eigensinnige Aneignungen erlauben." (Derichs/Musenberg 2015, S. 222) Binnendifferenzierter Geschichtsunterricht setzt auf diese Vielfalt von Aneignungsformen (Lernzugänge, Lernwege) und unterstützt eine erhebliche Bandbreite an Formen historischen Erzählens, die eben nicht nur die sprachlich/begriffliche als abstrakt kognitive im Blick hat. „Dies würde bedeuten, dass eine historische Erzählung auch als Bilderfolge anschaulich konstruiert werden kann und das konkret-gegenständliche Nachspielen bereits als Erzählleistung gilt." (Alavi 2016, S. 100)

Es lässt sich nach Lektüre des Hauptkapitels des Buches unschwer erschließen, dass binnendifferenzierter Geschichtsunterricht über eine enorme Vielfalt an Differenzierungsmöglichkeiten verfügt (oder verfügen kann), um für möglichst viele Lernende Zugänge zu historischem Lernen zu schaffen. Unter Gesichtspunkten inklusiven historischen Lernens kommen möglicherweise neue hinzu – je nach Situation in inklusiven Klassen. Beides kann allerdings zu erheblichen Problemen führen: Binnendifferenzierung, darauf wurde schon mehrfach verwiesen, erhöht den Komplexitätsgrad des Unterrichts; Binnendifferenzierung im Kontext inklusiven Unterrichts erst recht!

Das Kapitel 3 „Methoden und Instrumente eines binnendifferenzierten Geschichtsunterrichts" wurde bewusst so gestaltet, dass nach Wahlmöglichkeiten unterschieden wurde – Aufgaben, Materialien, Lernhilfen, Lernzugänge und Lernwege. Selbstverständlich sind solche Instrumente kombinierbar, was in Einzelfällen auch Sinn machen kann. Insgesamt gilt aber die Warnung: Gut gemeint heißt eigentlich schlecht! Jede Lehrkraft wird zu entscheiden haben, welches Instrument in der jeweiligen Lerngruppe angebracht ist, bzw. welche Kombination von Methoden. Das ist die *zentrale didaktische* Entscheidung. Ohne eine solche *didaktische* Entscheidung käme Geschichtsunterricht – wie der Unterricht in anderen Fächern – in eine Situation, die die Didaktik der Methodik unterordnet, das heißt einer Methodenvielfalt das Wort redet, die unter der Hand zum Wert an sich erklärt wird (Feindt/Junghans 2016, S. 19). Dies ist kein praxisfremder Vorwurf, sondern spiegelt eine Unterrichtsentwicklung der 1980er- und 1990er-Jahre, in denen „Klippern" und „kooperatives Lernen" das Non-plus-Ultra des Unterrichtsgeschäfts wurden – und beides, nebenbei bemerkt, auch bildungspolitisch, heißt ressourcenmäßig, unterstützt wurden.

Binnendifferenziertes historisches Lernen, so ließe sich abschließend feststellen, verfügt bislang über eher wenige überzeugende Angebote, sei es in Unterrichtsmaterialien, sei es in Geschichtsbüchern, sei es in Beiträgen der Geschichtsdidaktik zur Pragmatik des Geschichtsunterrichts vor allem hinsichtlich des Doppelstundenprinzips.

Sollte es gelungen sein, diese Defizite mindestens punktuell ausgeglichen und praktische Anregungen für die Kolleginnen und Kollegen vor Ort bereitgestellt zu haben, wäre sein Zweck erfüllt.

Literaturverzeichnis

Adamski, Peter (2006a): Präsentationen im Geschichtsunterricht. In: GWU, 57, S. 665–674.

Adamski, Peter (2006b): Historisches Lernen in Projekten. In: Geschichte lernen, 110, S. 2–9.

Adamski, Peter (2009): Auf vielen Wegen in das Land der Pharaonen. In: Geschichte lernen, 131, S. 2–13.

Adamski, Peter (2010): Abweichendes Verhalten und Widerstand im Nationalsozialismus – ein Stationenlernen. 71 RAAbits Geschichte.

Adamski, Peter (2011): „Europa arbeitet in Deutschland". Sowjetische Zwangsarbeiterinnen und Zwangsarbeiter im Deutschen Reich. In: Geschichte lernen, 141, S. 46–55.

Adamski, Peter (2014): Historisches Lernen diagnostizieren. Lernvoraussetzungen – Lernprozesse – Lernleistungen. Schwalbach (Ts.).

Ahlring, Ingrid (Hrsg.) (2002a): Differenzieren und individualisieren. In: Praxis Schule 5–10 Extra. Braunschweig.

Ahlring, Ingrid (2002b): Vielfalt als Chance. In: Ingrid Ahlring (Hrsg.): Differenzieren und individualisieren. In: Praxis Schule 5–10 Extra. Braunschweig, S. 8–12.

Alavi, Bettina (2016): Narrative Kompetenz im inklusiven Geschichtsunterricht?! Ein Unterrichtsversuch. In: Alavi, Bettina / Lücke, Martin (Hrsg.): Geschichtsunterricht ohne Verlierer!? Inklusion als Herausforderung für die Geschichtsdidaktik. Schwalbach (Ts.), S. 85–100.

Alavi, Bettina / Lücke, Martin (Hrsg.) (2016): Geschichtsunterricht ohne Verlierer!? Inklusion als Herausforderung für die Geschichtsdidaktik. Schwalbach (Ts.).

Bäuml-Stosiek, Dagmar u. a. (2015): Forum Geschichte 1/2 Rheinland-Pfalz. Berlin.

Barricelli, Michele / Lücke, Martin (Hrsg.) (2012): Handbuch Praxis des Geschichtsunterrichts. 2 Bde. Schwalbach (Ts.).

Barsch, Sebastian (2016): Schülerinnen und Schüler mit dem Förderschwerpunkt Lernen denken historisch. Einblicke in die empirische Forschung. In: Alavi, Bettina/Lücke, Martin (Hrsg.) (2016): Geschichtsunterricht ohne Verlierer!? Inklusion als Herausforderung für die Geschichtsdidaktik. Schwalbach (Ts.), S. 71–84.

Baumgärtner, Ulrich (2015): Wegweiser Geschichtsdidaktik. Historisches Lernen in der Schule. Paderborn.

Becker, Gerold u. a. (Hrsg.) (2004): Heterogenität. Unterschiede nutzen – Gemeinsamkeiten stärken. Seelze-Velber (= Friedrich Jahresheft XXII).

Bergmann, Klaus (2008): Geschichtsdidaktik. Beiträge zu einer Theorie historischen Lernens. Schwalbach (Ts.).

Behrndt, Karsten/Hoffmann, Andreas (2009): Rätselblätter Geschichte. Antike – Mittelalter – Neuzeit. Buxtehude.

Bönsch, Manfred (2004): Differenzierung in Schule und Unterricht. Ansprüche. Formen. Strategien, 2. Aufl. München. Düsseldorf. Stuttgart.

Bönsch, Manfred (2009): Erfolgreiches Lernen durch Differenzierung im Unterricht. Braunschweig.

Bönsch, Manfred (2014): Heterogenität ist Alltag – Differenzierung ist die Antwort. Pädagogik und Didaktik für heterogene Lerngruppen. Stuttgart.

Bönsch, Manfred/Moegling, Klaus (Hrsg.) (2012): Binnendifferenzierung. Teil 2: Unterrichtsbeispiele für den binnendifferenzierten Unterricht. Immenhausen bei Kassel.

Bohl, Thorsten (2013): Umgang mit Heterogenität im Unterricht. In: Bohl, Thorsten / Meissner, Sibylle (Hrsg.): Expertise Gemeinschaftsschule. Forschungsergebnisse und Handlungsempfehlungen für Baden-Württemberg. Weinheim u. a., S. 243–259.

Bohl, Thorsten / Batzel, Andrea / Richey, Petra (2012): Öffnung – Differenzierung – Individualisierung – Adaptivität. Charakteristika, didaktische Implikationen und Forschungsbefunde verwandter Unterrichtskonzepte zum Umgang mit Heterogenität. In: Bohl, Thorsten/ Bönsch, Manfred / Trautmann, Matthias/Wischer, Beate (Hrsg.): Binnendifferenzierung. Teil 1: Didaktische Grundlagen und Forschungsergebnisse zur Binnendifferenzierung im Unterricht. Immenhausen bei Kassel, S. 41–69.

Boller, Sebastian / Rosowski, Elke / Stroot, Thea (Hrsg.) (2007): Heterogenität in Schule und Unterricht. Handlungsansätze zum pädagogischen Umgang mit Vielfalt. Weinheim und Basel.

Boller, Sebastian / Lau, Ramona (Hrsg.) (2010): Innere Differenzierung in der Sekundarstufe II. Weinheim / Basel.

Bräu, Karin / Schwerdt, Ulrich (Hrsg.) (2005): Heterogenität als Chance. Vom produktiven Umgang mit Gleichheit und Differenz in der Schule. Münster.

Brauch, Nicola (2014): Lernaufgaben im kompetenzorientierten Geschichtsunterricht. In: Blumenstein, Patrick (Hrsg.): Lernaufgaben – Didaktische Forschungsperspektiven. Bad Heilbrunn, S. 217–230.

Brokemper, Peter / Köster, Elisabeth / Potente, Dieter (Hrsg.) (2011): Geschichte Real. Berlin.

Brokemper, Peter (2015): Lernzirkel Geschichte: Deutschland 1949–1990. 3. Aufl. Hamburg.

Brückner, Dieter / Focke, Harald (Hrsg.) (2015): Das waren Zeiten. Neueste Zeit. Neue Ausgabe Hessen. Bamberg.

Buchholzer, Alois / Kommer Wyss, Annemarie (Hrsg.) (2010): Alle gleich – alle unterschiedlich! Zum Umgang mit Heterogenität in Schule und Unterricht. Seelze-Velber.

Bundesministerium für Bildung und Forschung (Hrsg.) (2003): Zur Entwicklung nationaler Bildungsstandards. Eine Expertise. Bonn.

Broders, Werner (2002): Mit Schulbüchern differenziert unterrichten. In: Ahlring, Ingrid (Hrsg.): Differenzieren und individualisieren. Braunschweig, S. 50–55.

Buschkühle, Carl-Peter / Duncker, Ludwig / Oswalt, Vadim (Hrsg.) (2009): Bildung zwischen Standardisierung und Heterogenität – ein interdisziplinärer Diskurs. Wiesbaden.

Deutscher Bildungsrat (1970): Strukturplan für das Bildungswesen. Stuttgart.

Derichs, Johannes u. a. (2013): Denk mal Geschichte 4. Hessen. Braunschweig.

Derichs, Marieke / Musenberg, Oliver (2015): Das Afrikanische Viertel in Berlin – Kolonialismus als Thema im inklusiven Geschichtsunterricht. In: Rieger, Judith / Musenberg, Oliver (Hrsg.): Inklusiver Fachunterricht in der Sekundarstufe. Stuttgart, S. 220–224.

Doll-Tepper, Gudrun / Ramseger, Jörg (2015): Auf dem Weg zur Inklusion – Fakten und Überlegungen zu einer inklusiven Pädagogik. In: Wochenschau. Politik und Wirtschaft unterrichten. Sek. I+II. Sonderausgabe Juni / Juli, S. 4–6.

Eßer, Melanie u. a. (Autoren) (2013): Durchblick. Geschichte 5/6. Niedersachsen. Differenzierende Ausgabe. Braunschweig.

Feindt, Andreas / Herget, Wilfried / Trautmann, Matthias / Wischer, Beate / Zierer, Klaus (Hrsg.): Lehren (Friedrich Jahresheft 2016).

Feindt, Andreas / Junghans, Carola (2016): Lehren – eine vergessene Kategorie in der Unterrichtsentwicklung?! In: Feindt, Andreas / Herget, Wilfried / Trautmann, Matthias / Wischer, Beate / Zierer, Klaus (Hrsg.): Lehren. (Friedrich Jahresheft 2016), S. 18–22.

Frey, Karl (2007): Die Projektmethode. „Der Weg zum bildenden Tun". Weinheim.

Gautschi, Peter (2016): Lernen an Stationen. In: Mayer, Ulrich / Pandel, Hans-Jürgen / Schneider, Gerhard (Hrsg.): Handbuch Methoden im Geschichtsunterricht, 5. Aufl., Schwalbach / Ts., S. 515–531.

Gautschi, Peter (2012): Geschichte lehren. Lernwege und Lernsituationen für Jugendliche. 5. Aufl. Zürich.

Gautschi, Peter / Bernhardt, Markus / Mayer, Ulrich (2012): Guter Geschichtsunterricht – Prinzipien. In: Barricelli, Michele / Lücke, Martin (Hrsg.): Handbuch Praxis des Geschichtsunterrichts. 2 Bde. Bd. 1, S. 326–348.

Geschichte lernen (2007): Diagnostizieren im Geschichtsunterricht. 116.

Geschichte lernen (2016): Kompetenzorientierte Aufgaben. 174.

Geschichte lernen (2011): Kompetenzorientiert unterrichten. 139.

Groeben, Annemarie von der (2008): Verschiedenheit nutzen. Besser lernen in heterogenen Gruppen. Berlin.

Groeben, Annemarie von der (2013): Verschiedenheit nutzen. Aufgabendifferenzierung und Unterrichtsplanung. Berlin.

Groeben, Annemarie von der / Kaiser, Ingrid (2012): Werkstatt Individualisierung. Unterricht gemeinsam verändern. Hamburg.

Häcker, Thomas (2007): Portfolio: ein Entwicklungsinstrument für selbstbestimmtes Lernen. Eine explorative Studie zur Arbeit mit Portfolios in der Sekundarstufe I. 2. überarb. Aufl. Baltmannsweiler.

Hamann, Christoph / Wenzel, Birgit (2016): Inklusion, historisches Lernen und Curriculum. Ein Werkstattbericht. In: Alavi, Bettina / Lücke, Martin (Hrsg.): Geschichtsunterricht ohne Verlierer!? Inklusion als Herausforderung für die Geschichtsdidaktik. Schwalbach (Ts.), S. 103–117.

Helmke, Andreas (2013): Individualisierung. Hintergrund, Missverständnisse, Perspektiven. In: Pädagogik, H. 2, S. 34–37.

Helmke, Andreas (2012): Unterrichtsqualität und Lehrerprofessionalität. Diagnose, Evaluation und Verbesserung des Unterrichts. Seelze-Velber. 4. Aufl.

Heuer, Christian (2011): Gütekriterien für kompetenzorientierte Lernaufgaben im Fach Geschichte. In: GWU, 62, S. 443–458.

Heuer, Christian (2007): Kompetenzraster im Geschichtsunterricht. In: Geschichte lernen, 116, S. 28–33.

Hinz, Andreas (2006): Inklusion. In: Bleidick, Ulrich u. a. (Hrsg.): Handlexikon der Behindertenpädagogik. Stuttgart, S. 97–99.

Höhn, Elisabeth (2010): Rätsel für den Geschichtsunterricht. Mittelalter. Buxtehude.

Hölscher, Karin (2012): Mit dem eigenen Lernstil auf den Spuren von Deutschlands Küsten – Binnendifferenzierungsmöglichkeiten nach Lernstilen. In: Bönsch, Manfred / Moegling, Klaus (Hrsg.): Binnendifferenzierung. Teil 2: Unterrichtsbeispiele für den binnendifferenzierten Unterricht. Immenhausen bei Kassel, S. 102–113.

Kampl, Sybille (2016): Stationenlernen im Geschichtsunterricht. Allgemeine und fachspezifische Momente. Schwalbach (Ts.).

Kiper, Hanna / Miller, Susanne / Palentien, Christian / Rohlfs, Carsten (Hrsg.) (2008): Lernarrangements für heterogene Gruppen. Lernprozesse professionell gestalten. Bad Heilbrunn.

Klafki, Wolfgang (in Zusammenarbeit mit Stöcker, Hermann) (2007): Innere Differenzierung des Unterrichts. In: Neue Studien zur Bildungstheorie und Didaktik. Zeitgemäße Allgemeinbildung und kritisch-konstruktive Didaktik, 6. Aufl., Weinheim, S. 173–208.

Kress, Karin (2013): Binnendifferenzierung in der Sekundarstufe – Das Praxisbuch. Profi-Tipps und Materialien aus der Lehrerfortbildung. Unter Mitarbeit von Michaela Pappas. 2. Aufl. Donauwörth.

Kühberger, Christoph / Windischbauer, Elfriede (2012): Individualisierung und Differenzierung im Geschichtsunterricht. Offenes Lernen in Theorie und Praxis. Schwalbach (Ts.).

Kühberger, Christoph / Schneider, Robert (Hrsg.) (2016): Inklusion im Geschichtsunterricht. Zur Bedeutung geschichtsdidaktischer und sonderpädagogischer Fragen im Kontext inklusiven Unterrichts. Bad Heilbrunn.

Lange, Dirk (2014): Lernen an Stationen. In: Unterrichtspraxis. Methoden – Medien – Anleitungen. In: Praxis Geschichte extra, S. 73–76.

Meier, Klaus-Ulrich (2003): Jüdisches Leben in Fulda. Leistungsbewertung im projektorientierten Unterricht. In: Geschichte lernen, 96. S. 14–20.

Menzel, Monika (1998): Schmuggeltour – ein Spiel mit Figuren und Zubehör und die schriftliche Darstellung der Spurensuche. In: GEP, 4, S. 200–203.

Miculic, Mario (2014): Lernzirkel Geschichte: Erster Weltkrieg. Hamburg 2014.

Müller, Frank (2012): Differenzierung in heterogenen Lerngruppen. Praxisband für die Sekundarstufe I. Schwalbach (Ts.)

Niess, Otmar (2013): Währungs- und Wirtschaftskrisen der Weimarer Republik. Differenzierende Gruppenarbeit zu den Themen 1923 und 1929. Schwalbach (Ts.).

Paradies, Liane / Linser, Hans Jürgen (2010): Differenzieren im Unterricht. 5. überarb. Aufl. Berlin.

Paradies, Liane / Wester, Franz/Greving, Johannes (2012): Individualisieren im Unterricht. Erfolgreich Kompetenzen vermitteln. 2. Aufl. Berlin.

Praxis Schule 5–10 (2009): Differenziert unterrichten. Umgang mit Heterogenität. Braunschweig.

Rabenstein, Kerstin / Wischer, Beate (Hrsg.) (2016): Individualisierung schulischen Lernens. Mythos oder Königsweg? Seelze.

Ruf, Urs (2008): Das dialogische Lernmodell vor dem Hintergrund wissenschaftlicher Theorien und Befunde. In: Ruf, Urs / Keller, Stefan / Winter, Felix (Hrsg.): Besser lernen im Dialog. Dialogisches Lernen in der Unterrichtspraxis. Seelze-Velber, S. 233–270.

Sauer, Michael (Hrsg.) (2015): Geschichte und Geschehen 1. Stuttgart. Leipzig.

Sauer, Michael (2012): Geschichte unterrichten. Eine Einführung in die Didaktik und Methodik. 10. Aufl. Seelze-Velber.

Schäfers, Heidemarie (2009): Das lernende Individuum oder wie wird eigentlich gelernt? In: Höhmann, Katrin u. a. (Hrsg.): Lernen über Grenzen. Opladen & Farmington Hills, S. 41–67.

Schönemann, Bernd (2000): Geschichtsdidaktik und Geschichtskultur. In: Mütter, Bernd u. a. (Hrsg.): Geschichtskultur. Theorie – Empirie – Pragmatik. Weinheim, S. 26–58.

Scholz, Ingvelde (2008): Der Spagat zwischen Fördern und Fordern. Unterrichten in heterogenen Klassen. Göttingen.

Süß, Gustav Adolf / Bickel, Wolfgang / Petry, Ludwig: Curriculum Geschichte, I. Altertum, Schülermaterial 1, Frankfurt / M. 1975.

Thünemann, Holger (2013): Historische Lernaufgaben – Theoretische Überlegungen, empirische Befunde und forschungspragmatische Perspektiven. In: Zeitschrift für Geschichtsdidaktik, 12, S. 141–155.

Tillmann, Klaus-Jürgen / Wischer, Beate (2006): Heterogenität in der Schule. Forschungsstand und Kontroversen. In: Pädagogik, H. 3, S. 44–48.

Trautmann, Matthias / Wischer, Beate (2011): Heterogenität in der Schule. Eine kritische Einführung. Wiesbaden.

Tschirner, Martina (2009): Lernstationen als Chancen für Differenzierung. In: Geschichte lernen, 131, S. 48–69.

Vaupel, Dieter (2014): Individualisiertes Lernen in der Sekundarstufe. Mit Wochenplänen kompetenzorientiert unterrichten. Weinheim und Basel.

Völkel, Bärbel (2016): Handlungsorientierung. In: Mayer, Ulrich / Pandel, Hans-Jürgen / Schneider, Gerhard (Hrsg.): Handbuch Methoden im Geschichtsunterricht. 5. überarb. Aufl. Schwalbach / Ts.

Wenzel, Birgit (2012a): Aufgaben(kultur) und neue Prüfungsformen. In: Barricelli, Michele / Lücke, Martin (Hrsg.): Handbuch Praxis des Geschichtsunterrichts. Bd. 2, Schwalbach(Ts.), S. 23–36.

Wenzel, Birgit (2012b): Heterogenität und Inklusion – Binnendifferenzierung und Individualisierung. In: Barricelli, Michele / Lücke, Martin (Hrsg.): Handbuch Praxis des Geschichtsunterrichts. Bd. 2. Schwalbach (Ts.), S. 238–254.

Wischer, Beate (2016): Der heimliche Lehrplan. Zu den Prämissen eines keineswegs überholten Konzepts. In: Feindt, Andreas / Herget, Wilfried / Trautmann, Matthias / Wischer, Beate / Zierer, Klaus (Hrsg.): Lehren. (Friedrich Jahresheft 2016), S. 43–45.

Wischer, Beate / Trautmann, Matthias (2012): Innere Differenzierung als reformerischer Hoffnungsträger? Eine einführende Problemskizze zu Leerstellen und ungelösten Fragen. In: Bohl, Thorsten / Bönsch, Manfred / Trautmann, Matthias / Wischer, Beate (Hrsg.): Binnendifferenzierung. Teil 1: Didaktische Grundlagen und Forschungsergebnisse zur Binnendifferenzierung im Unterricht. Immenhausen bei Kassel, S. 24–39.

Zülsdorf-Kersting, Meik (2012): Historische Projektarbeit. In: Barricelli, Michele / Lücke, Martin (Hrsg.): Handbuch Praxis des Geschichtsunterrichts. Bd.2, Schwalbach (Ts.), S. 64–75.